원정수 수필집

느린 걸음으로

느린 걸음으로

원정수 수필집

1판 1쇄 인쇄/ 2013년 11월 20일
1판 1쇄 발행/ 2013년 11월 25일

지은이 / 원 정 수
펴낸이 / 우 희 정
펴낸곳 / 도서출판 소소리

등록 / 제300-2007-21호
주소 110-521 서울 종로구 명륜동 1가 33-90
경주이씨 중앙회빌딩 302-1호
전화 / 765-5663, 766-5663(Fax)
e-mail: sosori39@hanmail.net
www.sosori.net
값 10,000 원

*잘못된 책은 바꿔드립니다.

ISBN 978-89-97294-50-3 03810

느린 걸음으로

원정수 수필집

■

책을 내면서

두 번째 작품집을 꾸밉니다. 문득 첫 작품집을 출간할 때가 떠오릅니다. 지인들 앞에서 책을 손에 들고 쭈뼛거리며 부끄러워했습니다. 마치 잘못을 저지른 사람처럼 '부끄럽습니다.'라고도 했습니다.

그러자 누군가가 말했습니다.

"왜 부끄럽다고 하느냐? 그렇다면 하지 말았어야 하는 게 아닌가?"

맞다! 머리를 한 대 맞은 듯 정신이 번쩍 들었습니다.

그리고 4년여가 지났습니다. 이제 더는 부끄럽다고 하지 않겠습니다. 그보다도 열심히 썼고, 매만졌다고 감히 말하겠습니다. 작품 한 편 한 편을 수십 번씩 다듬었습니다. 그래도 성에 차지 않을 때에는 냉정한 연인에게 매달리듯 애끓어하기도 했고, 하릴없이 시름에 겨워 지내기도 했습니다. 그럼에도 글 쓰는 것에서 뒷걸음칠 수 없었습니다.

한 지인이 나에게 물었습니다. 왜 글을 쓰느냐고. 내 입에서 바로 대답이 나왔습니다. 글을 쓰면서 치유가 되었다고 말입니다. 그토록 답할 수 있는 것을 보면 깊숙이 뿌리내린 굳은 믿음 아닐까요.

알알이 맺힌 글의 열매를 두 손 모아 내어드립니다. 혹여 그 모양이 마음에 들지 않은 것이 있을지라도 그냥 내치지 말아주시길 바랍니다. 그 열매에 배어있는 정성을 들여다 봐주셨으면 합니다.

내 작품이 책으로 엮어지기까지 많은 도움이 있었습니다. 먼저 하나님께 감사를 올립니다. 지금 여러 분들의 모습이 떠오릅니다. 내 작품을 맵시 있게 해주신 성춘복 선생님, 매번 수고해주는 소소리 사장님과 문우들께 감사를 드립니다. 셋째를 가지고도 아름답게 표지를 디자인해주느라 애쓴 며느리 연옥이와 가족들, 친구들에게도 또한 감사드립니다. 모두가 나를 행복하게 해주었습니다.

2013년 11월.

저자 **원정수**

▷ 차 례

II 시간을 문신하다

III 혼자를 꿈꾸다

IV 아침나들이

I

보물찾기

뒷모습

머리 손질을 끝낸 미용사가 한마디 했다.

"머리가 유난히 목 부분까지 났어요."

거울을 건네주면서 뒷모습을 보라고 한다. 그가 시키는 대로 하다가 '아. 저게 나구나. 이제껏 미용사가 내 뒤통수를 나보다 더 잘 알고 있었네.' 하는 생각이 들었다. 내 모습을 다른 사람이 더 잘 알고 있다는 게 새삼스럽게 느껴졌다.

얼마 전 망신스러웠던 일이 있었다. 외출준비를 하면서 화장하랴 머리에 여러 개의 롤까지 말랴 부산을 떨었다. 그리고 집을 나서기 전에 혹여 눈썹을 한 쪽만 그리지 않았나, 옷은 뒤집어 입지 않았나 훑어봤다. 그럼에도 뒤까지 볼 수 없는 것은 어쩔 수 없는 일이었던 게다.

돌아오는 길에서 무심코 만져본 목덜미에 뭔가 걸렸다. 아뿔싸. 뒷머리에 달려있는 한 개의 롤을 미처 보질 못했던 것이다. 하필 격식을 차려야 되는 자리였다. 내내 모르고 있다가 그제야 겨우 알게 됐으니 시간을 되돌릴 수도 없는 노릇. 가까이 있던 사람이 귀띔을 해주지 않은 것에 애꿎은 원망까지 들었다. 앞모습은 한껏 맵시를 낸다고 했지만 우스꽝스러운 뒷모습을 하고 있는 나를 보고 어땠을까. 그 생각을 하면 시간이 많이 지났음에도 얼굴이 화끈거린다.

평소 나는 거울을 자주 들여다본다. 가끔 대중목욕탕에 가서 옷을 입기 전 은밀한 시간을 갖는다. 커다란 사방거울에 비친 전신 모습을 흘긋흘긋 거린다. 평소 보기 어려운 뒤태를 보는 재미가 여간 아니다. 거울 속 내 뒷모습은 가끔 낯설게 느껴지곤 한다. 그럴 땐 한 여인을 감상하는 듯하다. 어쩌다 몸의 곡선을 보고 살짝 나르시스에 젖어 보기도 하지만 이내 스러지고 볼멘소리가 나올 때가 많다. 그리고는 시답잖은 몸매에 멋진 실루엣을 덧입히는 것으로 상상의 막을 내리곤 한다.

오래전, 서로를 연인이란 이름으로 애절하게 바라보던 시절이 있었다. 잠깐씩 헤어지는 것도 아쉬워 차마 발길을 돌리질 못했다. 집 가까운 담장 밑까지 와서는 주춤거리다가 돌아서 가던 그를 한참씩 바라보곤 했다. 달빛이 환한 밤이면 더욱 길게 이어졌다. 마주 볼 때는 입 밖에 내지 못했던 하고픈 말들, 돌아가는 뒷모습을 바라보며 소리 없이 그 말들을 건네곤 했다. 그대로 걷고 있는 그 또한 듣고 있는 듯했다. 낡은 기억의 사진첩에서 아직도 또렷하게 남아있는 걸 보면 뒷모습이 앞모습보다 더 깊이 새겨지는가 보다.

그런데 남편과 아내란 이름으로 몇 십 년을 살면서 서로의 뒷모습에는 무심했던 것 같다. 우연히 거실에서 창밖을 내다보고 서 있는 남편의 뒷모습을 봤다. 그는 무슨 생각에 젖어 있는 것 같기도 하고, 그냥 물끄러미 먼 곳을 바라보고 있는 듯도 했다. 삶의 무게가 무거웠던 것일까. 양 어깨가 처져 보였다. 오래전 내가 하염없이 바라보던 그의 뒷모습이었나. 겹쳐 떠오르는 순간 괜스레 뭉클했다.

가끔 생각이 든다. 뒷모습은 살아온 세월만큼 연륜이 그대로 녹아있는 것 같다고 말이다. 이즈음에 종종 사람들의 뒷모습을 유심히 볼 때가 있다. 전혀 모르는 사람일지라도 뒷모습에서 표정과 됨됨이가 읽혀지곤 한다. 가끔 강연이나 모임에서 앞자리에 앉은 사람들의 뒷모습을 감상하며 지루함을 견디기도 한다.

고집스러운 사람과 부드러운 사람, 냉랭한 사람과 따뜻한 사람 하면서 평을 한다. 괜한 나만의 어쭙잖은 시각이 아닌가 도리질을 하면서도 어느새 버릇처럼 거두지 못하고 있다.

내가 아무리 화장품 가짓수를 늘려 얼굴을 덧칠하고, 거울 앞에 서 있는 시간의 비례만큼 매무새를 가꾸려 애쓴들 뭣하랴. 뒷모습까지 어찌할 수 없으니 말이다. 그저 살아온 이야기를 그대로 담고 있다고 할밖에 도리가 없잖은가.

그럼에도 문득 궁금해질 때가 있다. 내 뒷모습은 어떨까 하고.

내 삶의 성적표

지난주에 다시 건강검진을 받았다. 서너 달 전에 받은 검진 중 몇 가지가 걸리는 게 있어서였다. 아침을 굶고 가서 채혈을 하고 우주선 같은 통 속에서 몸을 이리저리 굴리며 검사를 받았다. 거기다 내시경 검사를 한다고 위 속에 호스까지 집어넣고 휘저으니 여간 힘이 든 게 아니었다. 서너 시간을 휘둘리고 나니 없던 병도 생길 것만 같았다.

일주일 동안 검진결과를 기다리며 마음을 졸였다. 일도 손에 잡히지 않고 머릿속에서 온갖 병명이 어지럽게 맴돌았다. 얼마 전, 우연찮게 알게 된 병이 악화되어 세상을 떠난 문우도 떠올랐다. 불쑥 방정맞은 생각까지 들었다.

문득 깊숙이 숨어있던 기억 한 조각이 불쑥 튀어 올랐다. 검진결과표가 마치 학창 시절에 받던 성적표 같아서였다.

아버지를 일찍 여읜 우리 집에서 바쁜 어머니 대신 큰언니는 가장의 역할을 톡톡히 했다. 가냘픈 체구 어디에서 그런 카리스마가 뿜어 나오는지, 동생 넷은 언니 앞에 서면 저절로 고양이 앞의 쥐가 되곤 했다. 더구나 공부라면 일등을 놓치지 않았던 언니였기에 동생 중 누구라도 공부를 못하면 가차 없이 매를 들어서라도 가르치려 했다. 아버지가 계시지 않는 곤궁한 집안이라고 혹시 주변에서 무시하지 않을까, 그 눈길에 당당하려면 오직 다섯 남매가 우수해야 한다는 것이었다. 닦달하던 목소리를 나는 아직도 생생하게 기억하고 있다.

내가 중학교 입학시험을 치를 때였다. 그때는 명문중학교 입학이 만만치 않았다. 체육점수 일점이라도 높여야했다. 방과 후 텅 빈 운동장 철봉에 안간힘을 쓰며 매달려 있는 내 옆에 무섭게 버티고 서 있던 언니, 대학생이었던 언니의 열의는 여느 치맛바람하고는 달랐다. 참으로 애절한 바람이었지 싶다. 나는 순한 양처럼 굴었지만 역부족이었는지 그토록 바라던 명문중학교를 떨어졌다. 가까스로 후기중학교에 입학을 했다. 매사에 자존심으로 버티던 언니는 얼굴을 들고 다닐 수 없다며 목 놓아 울었다.

중학교 입학 때부터 성적관리는 더욱 가혹해졌다. 하지만 나는 학년이 올라갈수록 툭하면 엇나갔다. 성적표 받는 날, 초라하기 짝이 없는 그것을 들고 집으로 가는 내가 도살장에 끌려가는 소의 모습과 흡사했다면 지나친 표현일까. 언니에게 보이느니 차라리 그 성적표를 가슴에 끌어안고 홀연히 세상 밖으로 사라지고 싶었다. 어느 때는 서툰 솜씨로 성적을 고쳤다가 괘씸죄가 붙어 급기야는 외출금지령이 내려지기도 했다. 지금 되돌아보면 입가에 피식 웃음이 어리지만, 더할 수 없이 심각하고 아찔한 순간들이었다. 하지만 성적표를 받는 순간에만 잠시, 나는 공부에 별로 공을 들이지 않았다. 그보다도 음악과 영화, 소설책, 멋 부리기에 더 심취했다. 얼룩진 수채화 같은 학창 시절 영상이다. 그래도 옛집에 걸려있는 빛바랜 사진들처럼 정겹게 와 닿는 추억들이다.

다행이라 할까. 검진 결과가 우려한 만큼 나쁘진 않았다. 나는 항목마다 짚으며 꼼꼼히 살피다가 문득 생뚱맞은 생각을 했다. 만약 이즈음의 삶을 점수로 매긴다면 어떨까 하고.

내가 이뤄낸 것이나 삶의 자취를 과목으로 나눠봤다. 건강과 부, 글에 대한 열정과 능력, 그리고 사회적 지위와 정신적 행복…. 성적표의 칸을 만들어 점수를 채워나갔다. 얼추 채우고 보니 그중 정신적 행복 점수가 조금 높았다. 내가 생각하는 정신적 행복이란 어떤 것일까. 어쩌면 세상 잣대로 매겨진 행복도에 견준다면 변변치 않을 수도 있을 것이다. 사람마다 가치관이 다를 수 있으므로 굳이 토를 달지 않아도 될 성싶었다.

그런데 아무래도 내 삶의 점수가 예전 성적표보다 별로 낫지 않은 것 같다. 성적을 혹독하게 관리하던 언니가 내 곁에서 멀어진 지 오래된 탓일까?

건강검진 결과표를 손에 들고 생각을 다진다. 이제 찬찬히 내 삶을 들춰가며 낮은 점수는 끌어올리려 애써야겠다.

퇴근하고 싶다

한 직장에 근무한 지 벌써 34년째다. 처음 이 직장을 선택할 때 주변에서 우려의 눈길도 있었고 반대하는 목소리도 있었다. 하지만 일단 취업한다는 것에 마냥 부풀어서 조건과 환경은 꼼꼼히 살피지 않았다.

나는 많은 사람의 박수 속에 꽃길을 걸어 들어갔다. 마치 영화제의 레드카펫을 밟는 것같이 황홀하기까지 했다. 그 길 저편에 내가 꿈꾸던 삶이 기다리고 있을 줄 알았던 것이다.

그러나 꿈이 한낱 환상이었음을 깨닫기까지 별로 오래 걸리지 않았다. 깨닫는 순간 뒤통수를 심하게 맞은 듯했다. 하지만 그때는 온 길을 되돌아 나갈 수 없었다. 자신과 다짐했던 약속을 쉽게 저버릴 수 없었던 것이다. 더구나 초롱초롱한 눈망울의 내 분신이 품을 파고드는데 섣불리 제 생각만 한다는 것은 도리가 아니었다.

이 직장의 초년병일 때는 어설프기 짝이 없었다. 몸 따로, 마음 따로 허둥대기 일쑤였다. 산 넘어 산이라고 언덕을 올라 겨우 한 숨 돌릴 만하면 또 넘어야할 고개가 보였다. 허겁지겁 시간을 보낸 뒤, 새로이 생각을 앙다물었다. 어차피 마련된 자리라면 무언가 해야지 하는 마음으로 머리띠를 매고 자격증을 거머쥐기도 했고, 미련을 두고 있던 공부를 다시 시작하기도 했다. 때로는 부업도 마다하지 않았다. 그러나 실력을 인정받기도 어려웠고 지위가 별로 높아지지도 않았다. 매일 같은 일이 지루했고 젖혀놓으면 금세 쌓이는 일들이 나를 지치게 했다. 어쩌다 잠시 소홀하면 근무태만으로 낙인찍힐 형편이었다.

내 근무는 아침에 눈뜨자마자 시작해서 잠들기 전까지였다. 가끔은 잠자는 시간도 바쳐야했다. 아침잠이 유난히 많은 나에게 이른 아침 시작되는 업무는 참으로 고된 일상이었다. 거의 매일 마치 슬로우 비디오를 촬영하는 것처럼 아침을 시작하는 나, 자신뿐만 아니라 옆에서 보는 사람도 견디기 어려웠

결코 짧지 않은 세월 속 내 삶이 계절의 윤회처럼 여러 그림으로 그려졌다 지워지곤 했다。 따뜻하고 밝았던 봄날과 뜨겁게 열기를 토해내던 여름, 그리고 환희로 벅차오르던 가을, 때로는 무섭게 몰아치는 삭풍에 떨었던 겨울도 있었다. —〈퇴근하고 싶다〉

으리라. 거기에 업무 능력 또한 변변치 못했다. 오랫동안 같은 일을 반복하노라면 숙련공이 될 수도 있으련만 아직도 생무지를 면할 수가 없다. 그럼에도 장기근속 그것 하나로 어깃장을 부릴 때가 있으니 잘리지 않고 버티고 있는 것이 용하다고나 할까.

이 직업이 예전엔 지금보다 훨씬 고달팠다는 생생한 증언을 숱하게 들었다. 게다가 어디 직업에 끼워 주기나 했는가. 당당하게 직업난에 '주부'라고 쓸 수 있었던 것도 얼마 안 되었지 싶다.

결코 짧지 않은 세월 속 내 삶이 계절의 윤회처럼 여러 그림으로 그려졌다 지워지곤 했다. 따뜻하고 밝았던 봄날과 뜨겁게 열기를 토해내던 여름, 그리고 환희로 벅차오르던 가을, 때로는 무섭게 몰아치는 삭풍에 떨었던 겨울도 있었다.

이제는 어지간히 견딜 만하다. 참으로 열악했던 직장 환경도 사뭇 달라졌다. 무엇보다 동료의 태도가 그렇다. 도와주기는커녕 힘겹게 할 때가 더 많았는데, 언제부터인가 코끝이 찡할 정도로 감동을 줄 때가 있다. 내 존재를 인정해주고 간간이 격려도 곁들인다. 어느새 후회와 갈등으로 번민하던 지난날이 옛이야기처럼 가물가물 스러져가고 있다. 동료와 함께 애써 일군 이 터전에 알알이 맺힌 결실을 보면서 뿌듯함을 느끼는 여유도 생겼다.

그런데 나의 욕심은 끝이 없는가 보다. 만약 퇴근을 할 수 있다면 얼마나 좋을까 하는 엉뚱한 생각이 드는 것이다. 행주치마를 벗고 멋진 옷으로 갈아입고 나만의 시간, 나만의 오붓한 공간으로 퇴근하는 꿈을 꿔본다. 거기에 휴가까지 덤으로 주어진다면 오죽 좋으랴. 출퇴근 시간도 정해져 있지 않고 제대로 된 휴가도 없었던 직장인지라 충격적인 반란이 될 것이다. 그렇다고 설마 사직서 쓰라고 하진 않겠지.

상상이 날개를 달고 한창 팔락거리고 있는데 동료가 부르는 소리가 들린다. 아직 내 근무시간이 끝나지 않았나 보다. 아. 가끔은 퇴근해도 좋으련만.

보물찾기

선물은 줄 때도 좋지만 받을 때가 더 좋지 않을까 싶다. 게다가 좋아하는 것을 받을 때는 더욱 그럴 것이다. 김치는 내가 좋아하는 선물 중 으뜸이다. 주부 경력 30여 년이 됐으면 김치 담그는 것쯤은 웬만큼 몸에 배어 밥 먹듯 쉽게 할 수 있으련만, 아직도 여간해서 잘 되지 않는다. 하루라도 먹지 않고는 배길 수 없는 것을 이렇듯 자신 없어 하니 참 딱한 노릇이다. 식구들에게 음식솜씨가 있는 척 큰소릴 치다가도 김치 생각을 하면 슬며시 꼬리를 내리게 된다.

사정이 그러니 얼마나 머리를 썼는지 모른다. 김치 맛있게 하는 방법을 나만큼 많이, 열심히 물어보는 사람은 드물 것이다. 진정 손맛을 내보리라 마음먹고 해본 적도 있었지만 좌절의 크기만 더해갔다. 그래도 요즘은 직접 담그질 않아도 언제든 구입할 수 있는 경로가 도처에 있으니 다행이라 할 수 있다. 그래도 김치 잘 담그는 사람이 부러운 건 솔직한 심정이다. 내가 그렇게 말하면 믿기지 않는 듯 흘려버리는 사람이 있는가 하면 동정의 눈초리로 혀를 차는 이도 있다. 아무튼 이래저래 김치는 내 일상 속에서 떨칠 수 없는 부분이다. 그러니 내게 김치는 언제라도 반가운 선물이 아닐 수 없다. 내 속내를 알아주듯 김치를 선물하는 이가 더러 있다. 내 사정을 그리 깊이 생각지 않을 수도 있겠지만, 어쨌든 나는 주는 사람이 생각하는 이상의 깊은 감명을 받는다.

엊그제, 친구에게서 김치를 선물 받았다. 그 친구의 음식솜씨가 좋은 줄은 익히 알고 있었다. 내가 칭찬을 건네면 귓등으로 듣는 것 같더니 마음에 두고 있었던 것일까. 정성껏 포장한 작은 상자를 내 손에 쥐어주었다. 여느 때 나답지 않다 싶을 정도로 호들갑스럽게 고마워했다.

그 김치가 오늘 아침 식탁에 올랐다. 알맞게 버무린 양념이 속속들이 밴 김치가 입맛을 돋우었다. 맛있게 입맛을 다시는 남편을 식탁 너머로 물끄러미 보고 있자니 마음 한 귀퉁이가 스멀스멀했다. 슬그머니 민망해졌다. 그렇다고 제 못난 것이 드러날까 객쩍게 굴지 않으려고 선물 준 친구의 마음 씀씀이와 음식솜씨 칭찬을 푸짐하게 늘어놓았다. 그 칭찬의 말들이 보태져 밥상이 더 풍성해진 듯했다. 친구가 선물한 것은 단순한 김치만이 아니었다. 어느 결에 내가 친구의 고운 마음씨까지 읽을 수 있게 깨우쳐준 것이다.

내 마음을 넉넉하게 만들어준 그 친구, 그에게 무엇을 선물할 수 있을까. 이제부터라도 좀 더 마음 기울여 눈여겨봐야겠다. 행여 나같이 못 미치는 구석이 친구에게도 있을지. 그렇다면 내가 채워줄 수 있는 것이 있지 않을까 해서다. 아무리 내가 김치는 잘 하지 못한다 하더라도 곰곰 되짚어보면 내게도 무엇인가 있지 않을까.

무심코 식탁을 치우다 보물찾기 하던 생각이 떠올랐다. 나는 어디서고 보물찾기를 할 때면 제대로 찾아본 적이 거의 없었다. 남들은 용케도 잘 찾지만 내 눈에는 어쩌면 그렇게 띄질 않는지 모르겠다. 아무리 마음먹고 뒤져봐도 잘 되지 않는다. 그러다보니 대충 휘둘러보다간 찾지 못하겠다고 투덜대면서 돌아서 버리곤 한다. 눈에 띄지 않게 꼭꼭 숨어 있는 쪽지, 그 안에는 분명 보물을 주겠다고 약속된 글이 적혀 있는데 말이다. 찾기만 하면 보물을 가질 수 있는데 그걸 왜 포기하기만 했을까. 일상 곳곳에 박혀있는 소박한 행복. 그 행복을 찾아내는 것도 보물찾기처럼 해야 되는 게 아닐까.

오늘 아침 친구가 선물한 김치를 대하다 행복을 보물찾기 한 듯하다.

내게 사랑이란

어제 큰아들 식구가 집에 다녀갔다. 아들네는 보통 한 달 앞뒤로 우리 집에 들르는데 온다는 날 며칠 전부터 매번 마음이 붕 뜬다. 차곡차곡 쌓여있던 그리움이 일시에 요동치는 것 같기도 하다. 사실 아들이나 며느리가 보고 싶어서라기보다 태어난 지 일 년 반 된 손자 때문이라는 것이 솔직한 심정일게다. 녀석의 쌍까풀진 초롱초롱한 눈망울, 까르르 웃는 모습, 그려보기만 해도 시든 잎사귀마냥 축 처져 있던 일상이 단비를 맞은 듯 생기가 솟는다.

그렇게 변하는 것은 나만이 아니다. 평소 그리 곰살궂지 않는 남편 또한 만만치 않다. 어쩌면 나보다 더하지 싶을 때가 많다. 우선 표정부터 바뀐다. 선량한 눈매로 입가엔 자글자글 웃음이 감도는 인자한 할아버지가 된다. 그 어린 손자가 얼마나 먹는다고 먹을거리 챙기랴, 장난감 장만하랴, 게다가 집안 구석구석 청소까지 점검하느라 부산스럽다. 어떤 손님을 이처럼 기분 좋은 흥분과 설렘으로 맞이할 수 있을까. 언제라도 오겠다는 연락만 받으면 웬만한 약속 따윈 제쳐놓기 일쑤이니, 우리 삶에서 손자녀석이 차지하는 비중이 그리 크게 될 줄이야. 첫애의 첫손자라 이처럼 호들갑스러울 정도로 사랑스러운 것일까.

나는 오 남매 중 네 번째로 태어났다. 첫째 딸, 사내아우를 본 둘째 딸, 이어서 금쪽같은 외아들, 그리고 유복자인 막내딸, 각각 소중한 의미가 붙어있었다. 셋째 딸인 내게는 의미보다도 굴레가 씌워졌다. 내가 두 돌도 안 돼 아버지가 돌아가신 것이 내 책임인 양 되어 있었기 때문이다. 공교롭게 이뤄진 아버지의 죽음은 내 가슴을 서러움과 억울함으로 멍들게 했다. 나는 사랑이 절실히 필요했다. 그런데 내가 그토록 원하는 사랑은 어디에도 없는 것 같았다. 나는 언제나 외로웠다. 내게도 어머니의 사랑이 있다는 것을 깨닫기까지 적잖은 시간이 걸렸다.

결혼하기 몇 년 전이었을 게다. 연탄가스 중독으로 정신을 잃었다가 며칠 만에 깨어난 적이 있었다. 겨우 찾은 의식의 시야 속에 눈물진 어머니 얼굴이 들어왔다. 그리고 몽롱한 가운데도 분명하게 들을 수 있었다.

"네가 영영 깨어나지 못했다면 나도 살지 않으려고 했다."

어머니의 말씀을 듣고도 깊은 사랑의 맛을 몰랐던 것 같다. 어찌 그것뿐이었을까. 돌이켜보면 사랑결핍증에 걸렸던 건 아니었나 하는 생각이 든다.

그렇던 내가 연년생으로 두 아들을 낳았다. 오래전부터 똬리를 틀고 있던 생각들이 들고 일어났다. 나는 아들 중 누구라도 어미의 사랑을 기울지 않게 해주겠다고 다짐했다. 장난감조차도 색깔과 모양이 똑같은 걸 두 개씩 마련했다.

어느덧 큰아들이 핏줄을 이었다. 거의 이틀을 뒹굴면서 치른 첫애의 출산 고통이 아직도 내 세포 곳곳에 박혀있는 듯 생생히 느낄 수 있는데, 그 아들이 새 생명을 내 품에 안겨준 것이다. 내가 몸소 겪었을 때와는 또 다른 경이와 신비로움이었다. 그건 낯선 느낌으로 다가왔다.

첫사랑, 어찌 피붙이만일까. 문득 저 멀리 있는 한 사랑을 떠올려본다. 세월이 흐르면서 지워진 탓인가 어슴푸레하다.

미숙한 감정으로 풋내기 사랑을 했던 나, 다만 늦가을 바람과 함께 추억으로 남았다. 그리고 사랑하고 다시 사랑하면서 어느새 그 흔적이 지워졌던 것이다.

첫아이의 첫손자를 사랑하면서 지나간 내 삶 속에 켜켜이 접혀있던 여러 사랑의 모습과 마주하는 때가 많아졌다. 눈을 감고 반추해본다. 내 사랑의 모습들은 어떤 무늬와 빛깔이었을까. 아무리 무늬와 색깔이 다르더라도 그 어떤 사랑도 모두 소중한 것임을 은밀히 속삭인다.

1월 즈음

지난해를 유난히 힘들게 보냈다. 몸 여기저기서 들려오는 신음소리가 요란했고 사람들과의 부대낌도 많았다. 1년이라는 시간 동안 험난한 산등성이를 올라가듯 헉헉댔다. 시계의 분침 넘어가는 소리까지 신경을 곤두세우며 나는 그보다 앞서 달리기를 했다. 오직 시간 보내는 것에만 매달렸던 것 같다. 바짝 메마른 심성은 뒤틀렸고, 나날의 시간이 그토록 지루하고 밉살맞은 적이 근래에 없었을 성싶다. 시간이 너무 빠르게 지난다고 종종걸음으로 따라잡으려 했던 시절도 분명 있었으련만, 옛이야기처럼 까마득하다. 마음먹기에 따라 시간의 흐름은 빨랐다 더뎠다 제멋대로인 걸 톡톡히 실감했다.

그렇게 지낸 내게 몇몇 지인들이 연하장을 보내주었다. 으레 이맘때면 오갔던 글귀나 인사였지만 이번엔 그 어느 때보다도 가슴을 일렁이게 했다. 마음에 빗장을 단단히 걸고 웅크려 있던 나를 그래도 잊지 않는 소중한 존재들. 정말로 반갑고 고마운 사람들이다. 그중에는 안부가 못내 궁금했던 사람도 있었다. 내가 먼저 하지 못한 미안함을 담아 답신을 했다. 마치 나락에 널브러져 있다가 튕겨 오른 것 같다.

그러면서 내 삶 속 인연이 닿아 있는 사람들을 두루 훑어보게 됐다. 가깝게 지내고 있는 사람들을 새롭게 다져본다거나, 가슴 속에 묻어두었던 보고 싶은 사람을 살며시 들춰보았다. 그런가하면 저장고 깊숙이 자리하고 있던 기억이 불쑥 튀어 나오기도 했다. 기억에서 지울 수만 있다면 지우고 싶은 영상과 모습들도 있었다. 아직도 내 머릿속에 남아있다는 사실이 새삼스럽고 꺼림칙했다.

2000년이란 숫자가 폭풍처럼 몰아대던 지난 순간들이 영상처럼 떠오른다. 세기가 바뀐다고 천지개벽이라도 할 듯 너나없이 들썩이지 않았던가. 어느새 10여 년이 지난해로 사라져갔다. 그 시간의 흔들림 속에서 나는 무엇을 했는가.

세밀과 정초의 순간들이 여러 그림으로 사진첩에 차곡차곡 쌓여가고 있다. 이따금 사진첩 속의 내 모습을 펼쳐보게 된다. 새해 맞이하는 것을 축제라도 되는 양 들뜨기도 했고, 터질 것 같은 심정으로 분탕질하듯 괜히 길거리를 쏘다니기도 했다. 어느 때는 심한 우울증에 빠져 헤어나지 못하고 있었던 적도 있었다. 하지만 지난해와 새해를 꺾꽂이하면서 희망이, 행복이 피어나기를 간절히 기도했던 적이 더 많았지 싶다.

그런데 언제부턴지 한 해를 보내는 마음이 점점 무디어지는 듯했다. 고작 달력이 바뀌는 정도로 의미를 두고 별반 미련이나 아쉬움도 없이 심드렁해졌다. 기대나 설렘도 없이 밍밍했다. 어쩌면 새해 첫머리에 새겼던 숱한 꿈과 다짐들이 유야무야되고, 세밑이면 어김없이 후회를 반복하면서 차츰 의욕이 스러진 탓인지도 모른다.

여러 이야기를 담은 한 해를 접고 난 뒤, 내 시간과 시간 사이가 많이 헐렁해졌다. 꽉 조인 코르셋을 벗어버리고 편한 옷으로 갈아입은 것 같다. 이제 한 해를 보내는 것과 내 앞에 펼쳐진 새해에 대해 후회를 하거나 기대를 하면서 울컥거릴게 아닌 것 같다.

그렇게 정리된 줄 알았는데 아직도 깨끗하게 비워지지 않은 듯하다. 애달파하던 감성들이 곰삭아 일상을 느긋하고 여유롭게 지내게 될 줄 알았는데 마냥 편치는 않다. 무엇을 바라고 있는 것일까. 막연히 무엇인가 이루어지지 않고 있는 것 같은 허탈함이 가시지 않고 있다. 허투루 시간을 흘려버리고 있는 것은 아닌지, 아니면 매 순간을 애지중지하고 있는 건지 생각이 맴돌고 있다.

새해의 길목에 서서 숨고르기를 해본다. 깊게 심호흡을 하면서 시선을 멀리 보낸다. 이제 더는 뒤를 돌아보지 말고 눈길 가까운 곳을 보면서 살아가련다. 그러노라면 서서히 나는 달라져갈 것이다. 적어도 내가 원하는 모습과 가까워지리라.

새롭게 다가올 1월 즈음엔 나는 어떤 모습일까 지레 상념에 잠긴다.

길잡이

초행길이라 버스정류장에서 두리번거리고 있는데 어디선가 소리가 들렸다.

"잠시 후 ○○번 버스가 도착합니다."

카랑카랑한 여자의 목소리가 연거푸 들려오고 있었다. 그에 맞춰 머리 위 전광판도 쉬지 않고 빨간 숫자를 번갈아가며 보여주었다. 나는 어느 버스를 어떻게 타야할지 번호를 확인하느라 눈과 귀를 열심히 기웃댔다. 저렇듯 쉬지 않고 말하면 목이 아프겠다는 생뚱맞은 생각이 스쳤다. 버스가 언제 올지 속수무책으로 기다리던 시절에 비하면 참으로 편한 세상이다.

어디 그것뿐인가. 내비게이션을 처음 대할 때 정말로 신기하고 이상야릇해서 눈이 휘둥그레졌었다. 한편으로는 어디선가 나를 내려다보고 '너는 내 손 안에 있다' 하는 것 같아 두렵기도 했다. 어찌 그리 정확하게 길안내를 할 수 있을까. 직진, 좌회전, 우회전하다가 길을 잘못 들어섰다 하면 돌아가라고 자상하면서도 단호하게 일러준다. 그 분부대로 고분고분 따라하다가 괜히 어설픈 짓거리를 하면서 한바탕 웃어젖힌 적도 있다. 이렇듯 우리 삶에서 길잡이 해주는 것이 적지 않다. 좀 더 빠르게, 안전하게 해주려는 안내나 정보가 넘쳐나고 있다.

그런데 삶이 그리 수월하기만 하던가. 살아갈수록 불투명한 막이 가로 막은 듯 점점 한치 앞을 모를 때가 잦다. 소스라치거나 아찔할 때가 얼마나 많은지. 소소한 일상에서도 어떤 선택을 해야 할지, 막상 해놓고는 가슴 치는 후회를 반복한다. 어느 시구처럼 선택하지 않은 길에 대한 미련이나 동경으로 가슴앓이를 한 적도 허다하다. 그럴 땐 삶의 행로에도 내비게이션 같은 길잡이가 있으면 얼마나 좋을까 하게 된다.

기억이 가물가물한 오래된 얘기다. 내 삶의 길 저편 보이지 않는 곳에 누가 기다리고 있을지, 어떤 일이 벌어질지 궁금해서 안달이 났었다. 무엇보다 내 배필은 누구일까 알고 싶었다. 그런 내게 누군가 솔깃한 말을 했다. 휘영청 달 밝은 밤에 소복을 한 뒤 대야에 물을 담고 그 안을 뚫어져라 들여다보라고. 게다가 칼을 입에 물고 있어야 된다고 했다. 그러면 신랑 될 사람의 모습이 그 물 위에 어른거린다는 것이다. 차마 엄두를 내지 못했지만 만약 그 속에서 지금의 장본인이 나타났다면 나는 어찌 했을까. 고개가 갸웃해진다.

요즘 '멘토'라는 말은 자주 듣는다. 우리말로 삶의 길잡이라 할 수 있을까? 가끔 내게도 그런 존재가 있었으면 한다. 막연하게 삶의 노정에서 우왕좌왕하기보다 지팡이와 같이 이끌어 줄 수 있기를 바라는 것이다. 물론 절대자인 신을 등대삼아 따라가고자 다지고 있지만 가까이에서 대할 수 있는 길잡이를 아쉬워할 때가 종종 있다. 먼발치에서 우러르기보다 가깝게 느끼고 싶다. 그런 존재가 눈에 띄면 바짝 다가가고 싶고, 삶의 의미가 북돋워진다.

마음에 담고 있어서일까. 주변을 둘러보면 이따금 내 길잡이를 발견하곤 한다. 지난 연말 동창회 모임이 있기 전이었다. 친구가 내 수필집 스무 권을 구입하겠다고 전화를 했다. 동창들에게 주겠다는 것이다. 나는 그 말을 그냥 지나칠 수 없어 친구에게 열 권 값만 내라고 했다. 동창회 당일이었다. 책 기증자에 내 이름만 올려 있고 친구의 이름은 빠져있는 것을 알게 되었다. 무임승차한 듯 마음이 편치 않았다. 며칠 뒤 그 친구에게 전화를 걸어 이유를 물었더니 대수롭잖은 듯 한 마디로 잘랐다.

"내가 원해서 한 거니까 더 이상 신경 쓰지 마라."

친구는 남자처럼 호탕한 웃음을 보내며 전화를 끊었다. 매사에 시원스러운 태도 그대로였다.

내남없이 자신을 드러내려 하지 않는가. 게다가 부풀리기까지 하면서 말이다. 그럼에도 자신이 기부한 것을 구태여 내세우려 하지 않는 그 친구. 나는 슬그머니 부끄러워졌다. 다른 사람이 알아주지 않았다고 서운해 하며 조바심했던 자신이 비쳐진 것이다. 그날 이후 그 친구를 새로이 내 길잡이 명단에 올려놨다.

지금도 내가 어떻게 가야 하는가를 어디선가 애써 일러주는 소리가 있지 않을까. 귀 기울여 봐야겠다.

상처를 아물게

K의 가녀린 어깨가 떨리기 시작했다. 이내 두 손으로 얼굴을 감싼 채 흐느꼈다. 애써 속으로 삼키던 울음소리가 커지면서 온몸이 떨렸다. 나는 아무 말 없이 그녀를 감싸 안고 토닥였다. 그 순간 어떤 소리보다도 더 절절한 이야기들이 건네지고 있었다. K는 무너지듯 내게 몸을 기울였다.

영화 화면에서는 남편이 계속 난폭하게 주먹을 휘두르고 있었다. 잔뜩 겁에 질린 아내의 애처로운 표정이 클로즈업 되었다. 함께 있는 다른 사람들을 둘러봤다. 이제껏 숨을 죽이며 영화를 보던 사람들, 대여섯 모두도 동요하기 시작했다. 울먹이기도 하고 흥분해서 화면을 향해 욕설과 삿대질까지 해댔다.

내가 하는 상담과정 중에 영화를 통해 심리치료를 하는 프로그램이 있다. 영화를 보면서 마음의 상처가 많은 사람들은 깊은 슬픔과 분노를 토해낸다. 그들은 등장인물들을 자신이나 주변 사람들과 동일시한다. 혹여 상처를 주었던 인물이 떠오를 때면 그 인물이 자기 앞에 있는 것처럼 울고 몸서리친다. 그러면서 차마 하지 못했던 말들, 가슴 속에 응어리진 사연들이 복받친다. 때로는 자신의 처지와 저울질하면서 위로를 받기도 한다. 현실감에서 벗어나 날개가 달린 꿈을 꾸기도 한다. 간혹 코미디물을 볼 때도 웃음 속에 담겨진 진정한 메시지를 용케 찾아낸다. 그리고 씁쓸한 미소를 짓는다. 미소에 가려진 그들의 속내를 알기에 내 눈은 어느새 촉촉해진다.

우리는 일상 속에서 알게 모르게 상처를 주고받는다. 어쩌면 가깝다고, 혹은 허물이 없다고 무심결에 더하는지도 모른다. 가라앉아있던 그 상처는 무엇엔가 건드려지면 불현듯이 휘몰아 오르곤 한다. 상처받아 나락에 떨어졌다 튀어오를 때, 떨어졌던 골의 깊이만큼 올라오며 느끼는 감정의 팽팽함은 다르지 싶다. 그러기에 영화를 보면서 느끼는 감정의 진폭이 저마다 다른 것이리라.

나도 영화를 통해 깊은 감명을 받을 때가 종종 있다. 얼마 전 '위대한 침묵'을 두 번 봤다. 거의 대사가 없이 세 시간 가까이 이어가는 내내 나는 영화 속 인물들과 여정을 함께했다. 그들이 어떻게 신을 만나는가, 나도 그들처럼 진정 신을 만나고 있는가, 스스로를 돌이켜보면서 눈을 떼지 못했다. 어느 때는 같은 영화를 열 번 넘게 본 적도 있다. 볼 때마다 새삼스럽게 감동을 받는다. 줄거리와 배우를 훤하게 꿰뚫고 있으면서도 일순간의 장면이나 대사 마디마디에 떨리기도 하고 가슴을 쓸어내리기도 한다.

그처럼 나는 영화를 보면서 카타르시스를 느끼고 팍팍했던 감성을 곰삭힌다. 그러다보면 지난날 내 눈시울을 적시게 했던 상처 많은 사람들이 떠오른다. 그중에서 내게 기대어 울던 K는 누구보다 또렷하게 남아있다. 쉽게 잊히지 않을 성싶다.

상처 없는 삶이 어디 있으랴. 나와 너, 그리고 내 가슴 속 깊이 새겨있는 가엾고 애처로운 사람들. 언제고 상처가 아물게 되기를, 그래서 삶이 새롭게 돋아나기를 기도한다.

상상의 뜰

어린 시절, 나는 일곱 식구 틈바구니에서 자랐다. 할머니, 어머니, 다섯 남매가 방 두 개에서 살았다. 게다가 방 하나는 어머니가 삯바느질하는 공방이었다. 어머니가 돌리는 재봉틀 소리는 늦은 밤까지 이어지고 있었다. 잠결에도 귀에 익은 그 소리가 아슴푸레 들려오곤 했다.

방 한 개에서 여섯 식구가 오글오글 부닥치면서 지냈던 그 시절, 그래도 내 몸은 자랐고 그만큼 꿈도 키웠다. 조용히 음악도 듣고, 책도 읽고, 때론 혼자 있고 싶을 때가 많았지만 그럴 수 없었다. 하고 싶은 것을 못하려니 몸과 마음이 뒤틀리는 것 같았다.

어쩔 수 없는 현실 속에서 상상만 풍성했다. 몸과 영혼을 나누어서 투명인간이 되었다. 그 유희 속에서 나는 먼 나라 이방인도 되고 대궐에서 뛰노는 공주도 되었다.

그러다가 하릴없이 어머니와 건네받은 말이 기억의 한 귀퉁이에 남아있다.

“엄마, 나는 이다음에 집을 지으면 방만 여럿 만들 거야.”

“네가 오죽했으면 그런 생각을 하겠니….”

오직 곤궁한 생계를 꾸리느라 지쳐있던 어머니였기에 내 고통은 전혀 괘념치 않는 줄 알았다. 그런데 안타까운 표정으로 말씀하시던 것이 떠오르는 것을 보면 내가 아는 것이 전부는 아니었던가 보다.

이즈음도 나는 혼자 사는 방을 그려볼 때가 있다. 단순한 침대, 소박한 책상, 장롱 대신 편안해 보이는 책장으로 둘러싸인 벽. 그리고 책들이 적당히 군데군데 늘려 있어야 한다. 그곳에서 네 활개를 활짝 펴고 뒹굴기도 하고, 책도 읽고, 글을 쓰기도 한다. 마냥 게으름을 즐기고 싶다. 그러다 방문을 살며시 밀어본다. 햇볕이 한가로이 노니는 자그마한 마당이 보인다면 더할 수 없이 행복할 것 같다.

누구든 상상의 삶을 그려볼 때가 있지 않을까. 한갓 부질없는 헛된 낙서같을지라도 말이다. 아직도 내가 그리는 혼자만의 방, 함께 하고픈 뜰의 모습이 꿈 속에 자리하고 있다. 그래서 내 상상의 뜰에 이따금 머물다 가곤 한다.

—<상상의 뜰>

나는 딸이 넷 있는 집에서 셋째로 태어났다. 중간에 나보다 두 살 위 오빠가 유일한 아들이었다. 구십 가까이 사신 할머니는 딸을 많이 낳은 어머니에게 적잖이 시집살이를 시켰다. 할머니는 오로지 손자만 귀히 여겼다.

딸들이 하나 둘 시집을 갈 때마다 어머니는 은근히 걱정이 되시는 모양이었다. '당신의 팔자'를 닮아 딸을 많이 낳으면 어쩌느냐는 것이었다. 걱정이 간절한 기도로 이어지곤 했다.

다행인지 당신의 딸들은 아들을 많이 낳았다. 나도 아들만 둘을 두었다. 드나드는 친정어머니의 처진 어깨가 슬그머니 올라간 듯했다. 당신이 못한 일을 딸들이 해낸 것 같은 기분이었을까. 게다가 내 시집 쪽에도 아들이 귀한 편이었다. 나도 어느 결에 어머니 따라 으쓱거리지 않았나 싶다.

그런데 언제부턴가 시나브로 세상이 변했다. 딸들이 당당해졌고 딸을 둔 엄마들의 목소리도 덩달아 높아졌다. 딸이기에 그저 주눅 들어 살았던 나는 가끔 당황할 때가 있다.

외아들과 함께 사시는 친정노모의 말씀이 한몫 더 거들고 나선다.

"내가 딸이 없었으면 어떻게 지냈을까? 너는 딸이 없어 어떡하니?"

친정어머니의 푸념을 들어주는 딸이 있다는 게 여간 위안이 되시는 게 아닌가 보다. 별로 곰살궂지 못하게 구는 딸임에도 말이다.

어느덧 두 아들 모두 결혼했다. 요즘 부쩍 내게도 딸이 있으면 얼마나 좋을까, 그 말이 투정처럼 입속에서 맴돌고 있다.

누군들 상상의 삶을 그려볼 때가 있지 않을까. 한갓 부질없고 헛된 낙서같을지라도 말이다. 아직도 내가 그리는 혼자만의 방, 함께 하고픈 딸의 모습이 꿈속에 자리하고 있다. 그래서 내 상상의 뜰에 이따금 머물다 가곤 한다.

그들의 일상

요르단을 거쳐 이스라엘 국경에 도착했다. 야트막한 건물이 듬성듬성 있다. 얼핏 보기엔 조용하고 한적한 시골 마을 같다. 그렇다고 마음가짐을 느슨히 할 수 없었다. 국경의 검색이 이만저만이 아니라고 누누이 들었기 때문이다.

막상 지나려니 예상했던 것보다 심해 당황했다. 경비 업무를 맡은 군인들이 가방을 훑어보는 눈매가 어찌나 매섭게 보이는지. 검색대 앞에 선 일행들이 괜히 주눅 들어 몸과 표정이 뻣뻣해졌다. 성지순례 갈 때 으레 지니는 성경조차 엑스레이 상에 수상하게 비쳐질 수도 있단다. 설마 하다가 우리 일행 중에도 두 사람이 가방을 열어 속속들이 펼쳐보여야 했다.

드디어 이스라엘에 들어섰다. 뭔가 해낸 것 같은 뿌듯함과 앞으로 겪을 두려움이 교차하면서 기다리고 있던 버스에 올랐다. 버스 안에서 다시 가이드의 주의를 들었다. 자신이 8년여 지내면서 겪었던 일들을 펼쳐보이듯 얘기했다. 이스라엘의 역사와 팔레스타인과의 관계에서 이어지는 문제들. 누가 뭐라 평할 수 있으랴. 다만 잠시 여행객으로 머무는 동안 내 신변만 별일 없기 바랄 수밖에.

얼마를 가다가 검문소가 있었다. 일행의 표정을 읽었음인가 가이드가 겁먹지 말라며 '성지순례 온 한국사람'은 그리 삼엄하게 하지 않는단다. 군인 대여섯이 차에 올랐다. 여자도 의무적으로 군 입대를 한다는 말답게 여군들이 눈에 많이 띈다. 그들은 나이에 맞게 군복도 한껏 맵시를 낸 것처럼 보였다. 내 마음이 느슨해진 것일까. 총을 메고 버스 안을 훑어보는 그들 모습이 무섭다기보다 탱탱한 젊은이들의 활기를 느꼈다.

이스라엘 곳곳에서 나는 긴장의 끈을 조였다 풀었다 했다. 팔레스타인 집단거주 지역을 지날 때는 가슴이 그저 먹먹했다. 궁핍함이 그대로 드러나 있음에도 잔뜩 도사리고만 있는 현실. 그들의 미래가 어떻게 풀려질지 오직 신만이 아시겠지 하는 기도만 나왔다.

그러다 여행객으로 생각도, 발걸음도 좀 더 가볍게 하려고 마음을 돌렸다. 그저 평범한 그들의 일상에 눈길을 보내고 싶었다. 마침 학교가 파한 시간인지 자주색교복을 입고 갈래머리를 한 여고생들이 예쁘고 발랄한 모습으로 삼삼오오 재잘거리며 지나갔다. 그 여고생들은 무슨 얘기들을 나누는 걸까. 또래에 어울리는 얘깃거리를 주고받으리라. 그리고 상인들의 호객소리가 절박했다. 그들의 역사를 탄식하고 미래를 애달파하는 우리네와는 아랑곳없이 그저 주어진 삶을 열심히 살고 있는 것처럼 보였다.

'통곡의 벽'으로 향했다. 익히 들어왔던 이미지가 떠올라 마음의 자세를 가다듬어야 될 것 같았다. 그런데 내가 상상한 그곳의 풍경은 아니었다. 물론 코끼리 다리 만지듯 보이는 게 전부가 아니라는 것은 안다. 광장 한가운데 남자고등학생들이 무리지어 뛰어오르며 환호를 내지르고 있었다. 국토순례를 마치고 한바탕 뒤풀이를 하는 모양이었다. 한 쪽에선 웨딩드레스 차림의 신부와 신랑이 지인들과 어울려 사진촬영을 했다. 가족과 나들이를 나온 사람들도 더러 보였다. 한 노인에게 다가가 손자냐고 물었다. 웬 낯선 여인이 말을 거는가, 당황하더니 금세 미소 띤 얼굴로 끄덕였다. 손자들이 귀엽다고 하니까 고맙다며 웃음이 얼굴 가득 번졌다. 우리네 정 깊은 할아버지 모습과 별반 다르지 않았다.

광장을 지나 한 쪽에 있는 벽 가까이 갔다. 그제야 통곡의 벽임을 실감했다. 벽에 손을 얹고 눈물을 흘리며 기도하는 사람, 의자에 앉아 기도하는 사람들을 대하니 절로 숙연해졌다. 소박하게 삶을 즐기고 있거나 눈물로써 기도하고 있는 그들. 가슴 밑바닥에 통곡을 품었지만 그것을 누르며 일상을 살아가고 있었다. 그게 그들의 일상이 아닐까.

이스라엘을 떠나면서, 첫발을 디딜 때 잔뜩 조여 맸던 마음의 끈이 조금은 헐렁해짐을 느낄 수 있었다. 순간순간이 쌓여서 역사가 되듯이, 사람 사는 곳 어디서고 피어나는 소소한 일상이 얼마나 소중하고 아름다운가. 여고생들의 발랄한 모습, 한껏 젊음을 발산하던 남학생 무리, 그리고 인자한 미소의 할아버지가 내 가슴 속에 담긴 이스라엘 한 곁에 선명히 자리 잡을 것이다.

Ⅱ

시간을 문신하다

어느 아침에

아침 출근길이었다. 좌석버스라는 이름이 무색할 만큼 차 안에는 서 있는 사람들로 가득했다. 나는 계단에 간신히 발을 얹은 채 힘겹게 버티고 있었다. 잔뜩 찡그린 얼굴로 차 안을 둘러봤다. 느긋하게 이어폰을 끼고 눈을 감고 있는 사람, 잠에 취한 듯 입을 벌린 채 고개가 한 옆으로 늘어져 있는 사람들도 보였다. 똑 같은 차비를 내고 누구는 저토록 편하게 가고 있고, 또 누구는 이처럼 불편한 자세로 가야 하나. 공연스레 곱지 않은 시선이 됐다. 그들은 졸지에 내 미움의 대상이 된 것이다.

그러다 참 생뚱맞다는 생각이 들어 시선을 거뒀다. 운전기사가 눈에 들어왔다. 깔끔한 하얀 와이셔츠와 짧은 머리, 나이는 삼십대 후반 정도 됐을까. 시선을 거두지 못하고 자꾸만 힐끔거리며 훑어봤다. 마침 라디오에서 잔잔한 팝송이 흐르고 있었기에 기사가 돋보이는 것일까. 어쩌면 음악은 계속 흐르고 있었는데 내 귀를 열지 못했던 것은 아닐지도 모른다. 창밖을 보니 비가 오는 강변이 고즈넉이 펼쳐지고 있었다.

최면에 걸리듯 스르르 환상의 세계로 들어갔다. 그러자 마치 운전기사가 음악을 틀어주는 DJ 같았다. 내가 서 있는 곳이 비좁은 버스 안이 아니고, 비오는 창밖을 보며 음악을 감상하는 장소가 됐다.

나는 마음 가는 대로 기억을 더듬었다. 어디선가 낯익은 음악이 들리면 떠오르는 인물이 있었다. 그럴 땐 내 눈에 영락없이 눈물이 그렁그렁 맺혔다. 눈물샘을 건드리기라도 한 듯 툭하면 그랬다. 비라도 내리면 더욱 눈물의 농도가 진해지곤 했다. 어디 비 내릴 때뿐이겠는가. 스산한 가을바람이 불면 오한이 나듯 몸을 떨었고, 눈이 오면 하얀 영상 위로 또렷이 보이는 한 모습 때문에 괴로워했다. 무심결에 파고드는 한 존재의 감각. 이미 실체는 사라진 지 오래됐건만 감각은 마음 한 귀퉁이에 끈덕지게 자리하고 있었다. 얼마나 허무한 마음

짓인가. 차라리 감정의 샘이 메말라 아무것도 느끼지 못한 채 살고 싶었다.

나를 어쩌지 못하고 괴로워했던 수많은 나날들. 하지만 결국 그 회오리 속을 헤집고 나올 수 있었다. 그토록 원하던 '감정의 거세'가 된 것이다. 영영 지워지지 않을 것 같던 그림자 같은 존재가 흔적 없이 지워지다니. 내 자신이 대견했다. 박수쳐주며 끌어안아주고 싶었다. 그리고 깨끗한 백지 위에 그림을 그리듯, 담담히 자신이 원하는 삶의 모습을 가슴 속에 그려갔다.

이따금 내 삶의 솔기 솔기를 되돌아볼 때가 있다. 한 존재를 잊기 위해 애썼던 세월 저편의 나와 그 후 안온해진 나. 바라보면 스스로에게 물음이 생긴다. 만남과 헤어짐을 겪으면서 지내온 격랑의 시간들. 그 시간들을 어떻게 색칠할 수 있을까. 안타깝게도 아름다운 빛깔로 떠오르지 않는다. 내가 한 것이 정말로 사랑이었을까. 어쩌면 그저 사랑한다고 생각한 것은 아닐까.

그런데 혼잡한 차 속에서 흔들려가다가 느닷없이 웬 감정의 뒤척임인가. 어슴푸레하던 형상이 불쑥 어른거리니 참으로 모를 일이다. 아예 사라진 것이 아니라 보이지 않는 허공에서 날아다녔단 말인가. 하지만 아무려면 어떠랴. 이젠 금세 날려 버릴 수 있는 가볍고 약한 존재임에야.

터무니없이 꼬리에 꼬리를 물던 상상의 고리가 한 시간여 만에 끊어졌다. 나는 차에서 내리자마자 출근길 걸음을 재촉했다. 버스는 뒤태를 보이며 벌써 저만치 가고 있었다.

낯선 곳에서 소낙비를 맞다

오렌지껍질을 깎아 쟁반 위에 놓은 형상을 보고 설계했다는 오페라하우스. 그 과정을 상상해보며 건축 모양새를 눈여겨보니 고개가 끄덕여졌다. 그토록 소소한 일상에서도 아이디어를 얻을 수 있다니, 내 무딘 감성을 자극하는 듯했다. 바로 근처에 유명한 하버브릿지가 있고 유유히 떠다니는 페리가 어우러져 풍광이 더욱 돋보였다.

나는 오페라하우스 전경이 눈에 잘 띄는 곳, 록스 광장을 자주 찾았다. 예닐곱 번은 갔지 싶었다. 전철역에서 내려 슬슬 걷다 풀밭에 자리해서 준비해온 햄버거와 커피를 먹으며 앉아 있곤 했다. 매번 제자리를 별로 벗어나지 않고 있어도 싫증이 나거나 지루한 줄 몰랐다. 바다와 그 주변, 그리고 지나는 사람들을 하염없이 바라보고 있었다. 어느 땐 서너 시간 족히 있기도 했다.

그러다보면 내가 누구인지, 거기에 앉아 있는 내가 현실의 자신인지 몽롱해지는 것 같았다. 몸은 그대로인데 보이지 않는 나에게 날개를 달아 훨훨 넘나드는 공상. 그런 비현실 속에 나를 맡기고 있는 그 시간을 즐겼는지도 모른다. 이제껏 내가 살았던 익숙지 못한 환경이 아닌 낯선 곳에서 말이다. 아는 사람이 있을 리 없을 테고, 오롯이 자신 속에 침잠할 수 있다는 자유가 나를 가슴 뛰게 했다.

그러던 어느 날이었다. 숙소에 빨래를 널어놓고 나올 만큼 햇볕이 쨍쨍했었는데 갑자기 굵은 빗방울이 떨어지기 시작했다. 그래도 급하게 자리를 떨치고 싶지 않았다. 그런데 빗줄기가 점점 굵어졌다. 툭하면 현실감이 스러지는 나를 일깨워 주는 것 같았다. 하는 수 없이 비를 피해 가까운 건물 처마 밑으로 들어갔다. 어차피 급한 일 일도 없던 터였기에 움직이지 않고 서 있었다.

조금 전까지도 생각에 파묻혀 보지 못했던 사람들이 하나 둘 시야에 들어왔다. 세찬 빗속에서도 유유히 걷는 사람이 있가끔 난 아무도 없이 떠돌며 살고 있는 듯 착각에 빠지곤 한다. 내 본향에 혹시 집시의 뿌리가 자리 잡고 있는 것은 아닐까, 고개가 갸웃거려지곤 한다.
—〈낯선 곳에서 소낙비를…〉

는가 하면 급하게 뛰는 사람들도 있었다. 으레 지나가는 비려니 하는지 기타 연주를 하던 거리의 악사도 음악을 멈춘 채 자리를 뜨지 않고 있었다. 그중 어디론가 급한 걸음을 하는 그 사람들이 내 상상의 주인공이 되었다. 그들은 어디로 가는 것일까. 그가 가는 곳에선 누가 기다리고 있을까. 혹 가족이 기다리고 있지 않을까. 그들을 궁금해 하다가 문득 내가 두고 온 가족이 떠올려졌다. 그렇지. 내게도 나를 기다리는 가족이 있지 않은가.

가끔 난 아무도 없이 떠돌며 살고 있는 듯 착각에 빠지곤 한다. 내 본향에 혹시 집시의 뿌리가 자리 잡고 있는 것은 아닐까, 고개가 갸웃거려지곤 한다. 낯선 곳에서 소낙비를 맞으며 낯선 사람들을 감상하고 있는 지금도 현실이지만, 내가 돌아가야 할 곳도 엄연한 현실이거늘 가늠 못하고 오락가락하지 않는가. 이곳에서 지내는 동안 평온했던 감정의 그루터기에 미세한 흔들림이 일었다.

언제고 항상 맑은 날만 있지는 않을 터이다. 구름 낀 날도 있을 것이고 갑자기 폭우가 내려 갈피를 못 잡을 수도 있을 것이다. 그런데 비 쏟아지는 그 순간이 전부인 양, 햇빛을 영영 볼 수 없을 것처럼 초조하고 불안하여 허둥댔던 적이 많지 않았는가. 낯선 곳에서 갑자기 내리는 세찬 빗줄기 속에 하릴없이 서 있다 얻은 깨달음. 언제고 비가 멈추겠지 하는 것이었다. 멀리 두고 온 현실 속 또 다른 나로 다시 돌아가서도 그럴 수 있을까. 지금처럼 여유롭고 편안하게 말이다.

얼마쯤 지나자 언제 그랬는지 시치미 떼듯 하늘이 맑아졌다. 앞으로도 숱하게 소낙비를 맞을 것이다. 어디서고 시드니에서의 소낙비를 맞던 영상이 오버랩 될 것 같다.

솜으로 싼 송곳을 묻다

손자녀석이 요즘 한창 말을 배우는 중이다. 헤어질 때 "바이 바이!" 하며 손을 흔들면 녀석은 자동인형처럼 바로 반응이 이어진다. 앙증맞은 손을 흔들며 제법 정확한 발음으로 그대로 따라하는 것이다. 아무리 보고 또 봐도 사랑스러운 모습이다.

그러다 문득 P선생님의 말씀이 떠올랐다.

"아이들에게 '바이바이'보다 '안녕'이라는 말을 가르쳐라."

그 선생님을 처음 뵌 것은 10여 년 전, 내 자신의 글에 만족을 했다 자괴감에 빠졌다 하며 혼란을 거듭할 때였다. 그런 내게 선생님은 신선한 충격으로 다가오셨다. 꼬장꼬장해 보이면서도 선비 같은 풍모가 선생님의 첫인상이었다. 선생님의 위트와 해학이 가득한 강의를 듣노라면 깊이 있는 인생관과 수필에 대한 사랑을 흠뻑 느낄 수 있었다. 글은 어떻게 써야 하는가, 글을 쓰기에 앞서 사람 됨됨이를 갖춰야 한다고 하셨다. 글과 인격이 같아야 한다는 것이다. 특히 수필은 반드시 메시지가 있어야 하는데, '솜으로 싼 송곳'이어야 된다는 것이다. 그 말씀은 이제까지 내가 글을 쓸 때마다 앞세워 생각할 만큼 깊이 박혀있다.

나는 숫기가 없어 제대로 눈 맞춰 인사도 못했지만 선생님의 한마디 한마디에 귀 기울였다. 부끄러이 작품을 보여드리면 맞춤법 하나까지 따끔하게 지적도 하고, 따뜻하게 격려도 해주곤 하셨다. 그런 선생님을 뵈면 어려서 돌아가신 얼굴도 모르는 아버지가 떠올랐고 어느 때는 오빠 같기도 했다.

선생님은 아이들이 말을 배우기 시작하는 때부터 우리말을 가르쳐야 한다고 강조하셨다. 흔히들 무심코 하는 언행에도 일침을 놓는 선생님의 성품. 더러는 고지식하게 보이곤 했지만 그만큼 우리말, 우리글을 사랑하고 가르치려 애쓰신 분이라는 것을 알기에 새겨들었다.

언젠가 선생님 친구가 목이 좋은 땅을 사라고 했단다. 워낙

재물 불리기에는 관심이 없기에 그 권유에 응하지 않으셨다. 얼마 후, 친구가 그 땅값이 무척 올랐다며 아쉬워했다고 한다. 그 말을 듣자 선생님은 "아차!" 하셨다는 것이다. 나는 선생님께서 땅을 사지 못해 돈 벌 기회를 놓친 것을 아쉬워하시나 보다, 지레짐작했다. 하지만 그 다음 말씀에 그만 어안이 벙벙하여 웃음이 터졌다.

"내가 만약 그 땅을 샀다면 투기한 게 아닌가. 사지 않은 게 얼마나 다행인지."

평소 선생님을 누누이 대했지만 그렇게까지 생각하실 줄이야.

성품뿐만이 아니다. 선생님의 글은 얼마나 맛깔스러우면서도 훈훈하게 가슴을 적시는지 모른다.

그러던 중 선생님의 건강이 나빠졌다. 몇 번의 입원을 하시면서도 짐짓 초월한 듯 빙그레 웃으면서 찾아오는 사람들을 마다하지 않고 반겼다. 강의와 집필도 놓지 않았다. 하지만 결코 쉽지 않은 뇌경색이란 병마는 선생님의 높은 인격과 해박한 지식들을 점점 뭉그러뜨렸다. 문우들과 제자들이 아무리 안타까워한들 어쩌지 못하고 말았다. 선생님 가슴엔 미처 못 다 한 값진 말씀과 글이 많이 담겨져 있을 것이다. 포근한 솜에 싸인 송곳이 아직도 녹슬지 않았을 터인데.

지난 봄 모임에서 휠체어에 앉아계시던 모습이 눈에 선하다. 쇠약해진 심신이지만 본능적으로 수필사랑을 뿜어내시던 그 모습을 차마 가슴이 아려 바로 볼 수가 없었다.

언제까지고 참스승으로 남아계실 P선생님. 만약 선생님을 만나지 못했다면 내게 수필은 어떤 의미가 되었을까.

손자를 대하다 문득 떠오른 선생님의 말씀이 되새김질되고 있다.

60년 만에 행복에 들다

친정어머니가 아버지와 만나셨다. 아버지가 돌아가신 지 올해로 딱 60년. 그 세월만큼 어머니는 홀로 지내셨다. 60년 만에 비로소 아버지와 함께하신 것이다.

방금 두 분의 유골을 모신 그 위에 흙을 뿌렸다. 나는 눈물에 젖은 흐린 눈으로 먼 곳을 바라보고 서 있었다. 산허리쯤 되는 듯싶었다. 집들이 듬성듬성 시야에 들어오고 야트막한 산들이 마을과 어우러져 있다. 엊그제까지도 대지를 달구며 내남없이 인상을 찌푸리게 했던 더위였는데, 어느새 햇볕이 참 곱고 따스하게 느껴졌다. 마치 어머니가 우리를 위해 마련해준 날씨 같았다. 그처럼 어머니는 마지막까지도 자식 사랑을 거두지 않으셨던 게다.

아버지는 내가 두 살 때 돌아가셨다. 그래서 나는 아버지가 어떤 분인지, 어머니가 내 엄마뿐만 아니라 한 사람의 지어미였다는 사실을 손톱만큼도 생각하지 못했다. 보지 못했으니 알 턱이 있겠는가. 오빠가 장례식에 참석한 조문객들에게 인사를 하면서 '열여덟 살에 시집와서 서른하나에 혼자되신 어머니'라고 할 때, 나의 어머니가 그런 분이었다니 새삼스러웠다. 까마득히 지난 시간 저 편에 엄마의 삶을 억지로라도 꿰맞춰 보았다. 그 짧은 결혼기간에 나의 어머니는 어땠을까. 아버지와 함께한 자리에서 어떤 말을 나눴을까. 자식들을 앞에 두고 무슨 얘기를 나눴을까. 가끔 어머니가 들려준 말로는 나의 아버지 모습을 떠올릴 수 없었다. 서른셋에 돌아가신 아버지는 사진 한 장도 남기지 않고 떠났기에 어쩔 수 없었다.

그래도 어머니는 아버지 기일이면 어김없이 산소의 잔디를 쓰다듬으며 눈자위를 훔치곤 하셨다.

"아직도 아버지 생각이 나슈?"

그럴 때마다 그냥 지나치지 않고 자식들이 한마디씩 하면서 짓궂게 굴면 곱게 눈을 흘기곤 하셨다. 아버지를 그리며 흘리는 눈물이라기보다 어디서고 대놓고 풀 수 없는 한을 그렇게

라도 하고 싶은 것이었는지 몰랐다.

고만고만한 네 남매와 4개월 된 태아. 더구나 시어머니까지 모셔야했다. 아마 하늘이 무너지는 것 같지 않았을까. 아버지가 떠나시고 낳은 유복자인 막내딸을 품에 안았을 때 그 참담함을 어찌 말할 수 있으랴. 가족과 생활고를 끌어안고 인고의 세월을 견딘 어머니. 이따금 그 삶을 하나의 이야기처럼 지인들에게 들려주노라면 거의가 참으로 대단한 분이라고 했다. 하지만 나는 그게 당연한 것으로 여기며 다른 사람들의 반응을 그저 건성으로 받아들이곤 했다. 참 내 생각이 짧았지 싶다.

어머니에게 잘못한 것이 어디 그뿐이랴. 부모님이 돌아가시면 누구든 가슴에 회한이 남지 않을 수는 없겠지만, 되돌아보면 나는 어머니에게 잘못한 것이 참으로 많다. 사춘기 격랑을 위태롭게 건넜던 셋째 딸. 걸핏하면 일탈을 그리는 딸을 바라보면서 어머니는 얼마나 마음을 졸이셨을까. 나는 결혼해서도 어머니의 짐을 덜어드리지 못했다. 매사에 맹문이인 내가 궁핍하기 그지없는 살림을 꾸려가느라 허덕이는 것을 보면서 어머니는 근심의 끈을 놓지 못했다. 왜 아니 그렇겠는가. 어머니에게는 자식들이 생명이요 살아가는 의미가 아닌가.

돌아가시기 며칠 전, 어머니에게 들려드려야 할 말이 가슴에 차올랐다. 마음이 급했다. 더 이상 미루면 기회가 없을 것 같았다.

"엄마, 내가 너무나 잘못한 게 많아. 용서해 줘. 해 줄 거지. 엄마가 내 엄마여서 참 고마워."

환갑이 넘은 딸이 눈물을 흘리며 떼쓰듯 했다. 나의 어머니는 응당 내게 그래야 된다는 듯이 말이다. 나는 끝내 그런 딸에 지나지 않았다. 어머니는 빙그레 웃으면서 말씀하셨다.

"울지 마라. 네가 잘못한 게 뭐가 있다고…."

잘못한 게 없다고 하신다. 어머니란 이름 때문에 자식이 저지르는 그 많은 잘못을 쓸어안고 사셨는데 얼마나 버겁고 힘겨우셨을까. 내가 미처 상상할 수 없는 것들이 어머니의 가슴을 멍들게 했으리라.

어쩌면 어머니는 지금 편안히 쉬고 계실지도 모른다. 하늘나라에서나마 아버지를 만나 60여 년 쌓인 설움을 풀 수 있기를 빌어본다. 그럴 수만 있다면 엄마가 아닌 오롯이 한 분의 지어미가 되어 행복에 젖을 수 있으련만.

확인 요청

여느 때처럼 일상이 시작되는 아침이었다. 기지개를 켜며 잠자리에서 일어나려는데 어디선가 기계음이 반복해서 들려왔다. 주의를 기울이니 내 휴대전화가 문자를 받았다고 일러주는 것이다. 별일 아니지 싶어 건성으로 넘기려했다. 그런데 자꾸만 소리가 들려 찬찬히 들여다봤다.

내 신용카드가 해외에서 사용 중이라며 확인하란다. 미국 어디에선가 결제를 하고 있다는 것이다. 대여섯 번 비슷한 내용이 이어져 있었다. '미국 다녀온 지가 언젠데, 왜 이제 이런 걸 보내지?' 별 생각 없이 문자를 보내고 있는 누군가를 향해 투덜대기까지 했다. 그런데 이번엔 전화벨이 요란하게 울렸다. 답답하여 문자로는 도저히 안 되겠다 싶었던 걸까.

"카드사의 해외업무 팀입니다. 지금 모니터링 하던 중 손님의 카드 사용이 이상해서 전화 드렸습니다. 카드 뒤 번호가 ○○ 맞습니까?"

그 말을 듣는 순간, '옳다! 이게 흔히 듣던 사기전화구나' 싶었다.

주변에서 그렇게 당했다는 얘기를 한두 번 들었는가. 들으면서 쯧쯧 혀를 차기도 하고 몹쓸 인간들을 성토하기도 했던 장면들이 머릿속에 펼쳐졌다. 어떻게 해야 할지 재빠르게 생각을 돌리면서 선뜻 대답을 하지 못하고 있었다.

그러자 다급해진 그 남자, 더 이상 기다릴 수 없다는 듯 내 카드 번호를 대며 문제가 생겼다는 것이다. 그제야 아차! 했다. 내가 제멋대로 상상했던 게 아닌 뭔가 단단히 일이 벌어진 게다. 다음 말은 나를 더욱 부채질했다. 내 카드를 외국에서 사용할 때, 복사했다가 지금 누군가 사용 중인 것 같으니 우선 그 카드를 정지해야 된다는 것이다. 가슴이 벌렁벌렁 뛰며 다급해지자 어떻게 해야 하나 그에게 매달리듯 물었다. 내가 제멋대로 사기꾼에서 구세주로 바꾼 줄 아는지 모르는지, 그 직원은 차근차근 몇 가지 서류가 필요하다며 자상하게 설명했다. 허둥대며 전화를 끊고 나니 이런, 고맙다는 인사조차 하지 않았다. 마음에 걸렸지만 발등에 떨어진 불을 수습하느라 겨를이 없었다.

한 달여 전, 미국을 다녀왔다. 어린 시절, 미국은 내가 아는 외국의 대명사였다. 물자가 귀한 시절 외제는 무조건 미제로 여길 정도였다. 어쩌다 엄마가 '밀수 아줌마'에게 가는 때가 있었다. 엄마는 그녀를 만날 때면 간첩을 접선하듯 했다. 따라나서는 내게도 쉬쉬하면서 다짐을 두었다. 그 아주머니가 펼치는 보따리 안에는 동화 속 나라의 창고 속처럼 진귀한 화장품, 샴푸, 레이선 깡통, 초콜릿 그밖에 알 수 없는 것들이 빼곡히 들어 있었다. 그냥 들여다보는 것만으로도 황홀했던 기억이 난다.

그렇게 미국은 잔뜩 부풀려서 내 기억 속에서 자리를 하고 있었다. 언제고 가보리라 궁리만 무성하다가 비로소 비행기를 탔던 것이다. 그 나라, 입국하기 전부터 얼마나 주눅이 들었는지 모른다. 무슨 죄인도 아니고 내 돈 들여 여행 온 당당한 처지면서 말이다. 별 어려움 없이 통과하고 나니 비로소 헛웃음이 나왔다.

아메리카 드림을 안고 이 땅을 떠났던 우리나라 이민자들과 함께하는 자리가 있었다. 몇몇은 허탈과 박탈감, 좌절에서 오는 우울을 호소했다. 한 달 남짓 여행하면서 내 마음에 담겨 있던 미국이란 나라의 실상에 괴리를 느꼈다. 게다가 이런 황당한 일이 벌어지다니. 돌이켜보면 다른 나라에서는 웬만해선 카드 사용을 꺼렸고, 피치 못할 때는 조심스레 확인을 하면서 쓰곤 했다. 그랬는데 미국에서는 별다른 의심도 없이 허술하게 처리를 한 것이다.

업무에 충실한 한 직원의 발 빠른 처리로 큰 액땜을 하게 됐으니 얼마나 다행인가. 가슴을 쓸어내리며 생각한다. 누구를 탓하랴. 미국이란 나라를 제 깜냥으로 머릿속에 그려 넣고 있던 내 탓 아니겠는가.

매듭이 풀리다

친구를 만나러 가고 있었다. 길에서 만나기로 했기에 휴대전화를 길잡이 삼아 갔다. 어디서 기다리면 된다, 시간은 언제쯤인가 문자를 주고받으면서 걷고 있었다. 그러다 갑자기 연락이 끊겼다. 아무리 전화기를 두드려도 대꾸가 없었다. 그가 어디에 있는지 알 길이 없는 것이다. 방향을 잡지 못하고 어두운 밤길 위에 먹먹한 채로 서 있었다.

얼마쯤 지났을까. 휴대전화에서 문자를 알리는 소리가 났다. '영화를 보는 중이니 지금 연락을 할 수 없다'는 내용이다. 뜬금없이 이게 무슨 말인가. 방금 전까지도 기다리라고 했는데 말이다. 어처구니없다가 급기야는 화가 치밀었다. 즉시 가던 발길을 돌리며 이제 그 친구는 내 마음속에서 영영 지워버리리라 맹세했다. 그것만이 구겨진 자존심을 세울 수 있을 것 같았다.

휑하니 바람소리를 내며 재게 움직였다. 그럴 때 보면 나도 제법 결기가 있는 듯했다. 우유부단한 자신을 못마땅해 할 때가 적잖았는데 말이다. 가늠도 없이 가고 있는데 노크하듯 소리가 났다. 전화기를 들여다보니 '지금 열심히 가고 있는데, 쫌 늦어도 기다려' 라는 글귀였다.

보자마자 전화를 했다. 그 친구의 목소리를 듣는 순간, 얼마나 격했는지 제대로 말도 나오지 않았다. 영화를 본다는 게 무슨 말이냐, 그 말밖에 다음 말은 영 뒤죽박죽이었다. 그러자 친구는 되레 어안이 없다는 반응으로 일단 기다리라고 했다. 하는 수 없이 허겁지겁 돌아선 자리로 되돌아갔다. 어찌하여 그런 문자가 전달됐는가는 추리만 할 뿐, 우리는 그저 전화기를 탓하면서 하나의 해프닝으로 밀어놓고 꼭 해야 할 말들을 건네고서 헤어졌다.

다시 나로 돌아왔다. 짧은 순간 뒤집혔던 자신의 모습을 되짚어보니 씁쓸하지 않을 수 없었다. 느릿느릿 걸음을 떼면서 생각에 잠겼다. 그동안 일상에서 크고 작은 오해가 얼마나 일어났었을까. 그래서 삶이 뒤틀어졌던 순간이 한두 번 아니었을 게다. 그런 시간들 속에서 내 안에 자리 잡은 매듭들. 언제까지고 풀리지 않을 것처럼 단단하게 묶인 것이 있는가 하면, 툭하면 부풀어 올라 충동질하기도 한다. 어느 땐 제풀에 풀리기도 하지만 그리 쉽지 않다. 나는 때때로 그 뭉치들을 끌어안고 남몰래 가슴앓이를 하지 않았던가.

결혼 전 삶보다 이후의 삶이 훨씬 길어진 지금이다. 그동안 내 곁에 있는 가장 가깝고도 먼 존재. 그와 한 지붕 아래서 살면서 건네는 말들이 그리 통하지 않을 줄 몰랐다. 나는 그가 어디 알 수 없는 나라에서 온 사람인가, 아니면 외계인인가 할 정도였다. 그렇게 시간이 흐르자 깊은 크레바스가 우리 사이에 자리 잡았다. 어느 순간부터 깨닫기 시작하자 아찔해졌다. 그 틈으로 함께 빠져버릴 것 같은 위기감도 들었고, 등 돌리고 그대로 내달음칠까 수없이 갈등도 했었다. 타임머신을 돌려 그때의 내 모습을 돌아보면 안쓰럽기도 하고 보듬어 달래주고 싶기도 하다. 왜 그토록 힘겨워했을까. 이젠 그가 반토막만 전해주는 말도 알아채기도 하고, 어느 땐 표정만 보고도 넘겨짚을 수 있으니 세월이 스승이라 할까.

나는 몇 년째 상담을 하면서 여러 사람들을 만났다. 주로 사람과의 관계에서 소통이 어려워 힘들어 하고 있는 여성들이다. 그들을 대하노라면 참으로 안타까울 때가 많다. 자신이 알고 있는 것이 전부인 듯 오해할 때도 있고, 아예 마음의 빗장을 단단히 걸고 서로를 알고자 하지도 않은 채 헤어지고 만다. 그네들을 보면서 발을 동동 구르는 심정이 될 때가 많다. 가까운 사람은 바라볼 수 있는 시야가 좁기 마련이다. 그럴 땐 잠깐 쉼표를 찍듯 한 발 물러서서 보면 미처 보지 못했던 것이 눈길에 실릴 수 있다. 그러는 동안 매듭을 풀 수 있는 시간이 마련될지 모르는 일 아닌가.

산다는 게 늘 매듭이 맺히고 풀기를 거듭하는 것처럼 하마터면 오늘 밤 또 하나의 매듭이 생길 뻔했다. 스쳐지나간 그 자국의 흔적을 깨끗이 지워야겠다.

시간을 문신하다

나는 한해살이입니다. 비록 1년밖에 살지 못한다 하더라도 한껏 매무새를 가다듬고 서 있습니다. 누군가 나를 거둬주지 않으면 어디에서 뒹구는 신세가 될지 모르니까요. 그래요. 누구를 어떻게 만나느냐에 운명이 가늠되는 게 세상사 이치인거죠.

사람들은 나를 달력이라고 부르죠. 생김새를 보고 탁상달력이라고도 합니다. 내가 세상에 태어날 때 동갑내기 친구들이 많이 있었습니다. 지금 그들은 가까이 있지 않지만 분명 어디선가 제 역할을 하고 있을 겁니다. 모양새도 각각입니다. 예쁘고 앙증맞기도 하고 당당히 어깨를 펴고 덩치가 우람하기도 합니다. 더러는 예술적 감각이 돋보이는 세련된 친구들도 있습니다. 한 달에 한 번씩 새 옷을 갈아입기도 하고 일 년 내내 같은 옷만 입고 지내기도 합니다. 겉으로 드러나는 옷들은 다르지만 결국 똑같은 시간의 숫자를 품고 있습니다.

내 체구는 자그마하고 별로 눈에 띄지 않습니다. 나는 책상 한 곁에 자리하고 있습니다. 주변엔 컴퓨터와 책들, 문구용품들이 제 편한 자세로 여기저기 늘려 있습니다. 나는 항상 꼿꼿이 있어야 됩니다. 하지만 외롭거나 심심하지 않습니다. 도리어 조용히 혼자 있고 싶을 때가 많아요. 그런데 옆에서 툭툭 치기도 하고 들어올리기도 하면서 가만 두지를 않네요. 어느 땐 하루에도 여러 번 내 몸을 들었다 놨다 할 때가 있다니까요. 성가시지만 어쩔 수 없답니다.

내 몸엔 문신이 많이 있습니다. 책상 주인이 붙들고 수시로 새기는 것입니다. 그는 빙긋이 웃으면서 손을 움직일 때가 있는가 하면 한숨을 삼키며 망연히 앉아 있기도 합니다. 그때그때마다 나도 덩달아 마음이 움찍거리네요. 어쩌면 내 마음이 여린 탓인 게죠.

문신들을 새길 때마다 얼마나 아픈지 모를 거예요. 꾹꾹 눌러대는 그 순간 소리 없는 신음을 삼킨답니다. 그래도 주인을 위해 꿋꿋이 참고 있지요. 그런데 말이죠. 내 고통도 헛되이 막상 그 순간이 지나면 소홀히 여기는 것 같아 허탈해지곤 합니다. 아마도 주인은 건망증이 심한 사람이 아닐까 여겨지네요. 뭐라 따지고 싶지만 달리 도리가 없을 수밖에요.

내 몸은 세상에서 귀하게 여기는 시간이 들어있습니다. 그건요 무엇과도 바꿀 수 없는 거잖아요. 내 몸에 문신을 하는 건 결국 시간을 새나가지 못하게 한 것이 아닐까요. 처음엔 시간을 많이 머금고 있어 제법 통통했습니다. 그런데 어느새 바짝 마른 몸매로 근근이 버티고 있습니다. 지금의 내 몸을 바라보는 주인의 심정은 어떤지 궁금합니다.

요즘이 1년 중 가장 화려한 때가 아닌가 싶어요. 휘황한 불빛, 흥겹게 캐럴이 울려 퍼지는 거리에 인파들이 북적이고 있습니다. 모두가 한창 들떠있는 것을 보고 있자니 공연스레 씁쓸해집니다.

이제 내게 시간이 얼마 남지 않았습니다. 1년 가까이 내게 수많은 문신을 한 주인. 다시 나를 돌아보면서 살펴주기를 간절히 바라지만 그가 과연 그럴지 모르겠습니다.

여자들

첫 아들이 결혼하고 2년여를 같이 살다 분가했다. 그 뒤 일 년쯤 지나 결혼한 둘째 아들 또한 같이 살았는데 바로 며늘애의 태기가 있었다. 식구들 모두 기쁨을 감추지 않았다. 그런데 임신과정과 출산 시까지 힘들어 하는 모습이 여간 안쓰럽지가 않았다.

며늘애 배가 눈에 띄게 불러지면서 직장을 접게 되었다. 그러자 고부가 함께 얘기를 나누는 시간이 늘었다. 그럴 때에는 으레 내가 애 낳던 얘기 보따리가 질펀히 펼쳐지곤 했다. 남자들이 군대에서 있었던 일을 언제까지고 어제 일처럼 얘기를 하듯, 여자가 아이 낳을 때 일은 평생 잊히지 않는 얘깃거리

일 것이다. 삼십여 년도 훨씬 지난 그때의 순간들, 어찌 그리 생생하게 떠오르는지 모르겠다. 잊지 말아야 할 기억들은 수 없이 지워져 애달파하면서 참으로 마음대로 되지 않는 게 세상사인 모양이다.

그런데 그 얘기의 알맹이들이 문제인 것이다. 출산을 앞두고 잔뜩 겁먹고 있는 애에게 안심시킨다는 게 어느새 나의 넋두리가 되곤 했다. 게다가 영락없이 한풀이까지 곁들어지는 것이다. 임신 중 괴로웠던 것, 끔찍했던 산고는 어찌할 수 없다지만 환경이 얼마나 좋지 않았던가 하는 대목에서는 목소리가 절로 높아진다. 먹고 싶은 것도 제대로 먹지 못할 만큼 변변찮았던 살림살이, 남편의 보살핌이 미흡하여 아쉬워했던 것에 툭하면 감정이 복받쳤다.

내가 아이를 낳을 때 두 번 다 남편이 함께 있지 않았다. 첫 애 출산 한 달여를 앞두고 남편이 부산으로 전근되었다. 하는 수 없이 나는 친정에 남았다. 그리고 근 이틀씩이나 지독한 통증을 겪다가 거의 혼절한 상태에서 애를 낳았다. 겨우 정신을 차리자 애처롭게 바라보시는 친정어머니가 어른거리는데 어찌나 허전하고 쓸쓸했던지, 그 순간 남편의 손길이 얼마나 그리웠는지 모른다. 하지만 출산했다는 연락을 받고도 남편은 오질 못했다. 물론 그도 아기를 보고 싶은 마음이 왜 없을까마는, 그때엔 부산이 다른 나라처럼 멀게 느껴지는 시절이었지 싶다. 오가기는커녕 전화통화조차도 쉽지 않았다. 나는 친정에서 한 달 정도 산후조리를 한 뒤 혼자 갓난아이를 안고 고속버스로 내려갔다.

그리고 둘째를 날 때였다. 산기가 있어 아침에 친정어머니와 병원을 간다는 내게, 남편은 여느 날처럼 출근을 하면서 말했다.

"아이 낳으면 연락해."

그는 병원으로 퇴근했다. 그래도 다른 날보다는 이른 퇴근 시간이었다. 비록 아이 낳는 순간에는 함께하지 못했지만 첫 출산 때 비하면 그만큼도 큰 위안이 되었다. 하지만 아이가 세상에 태어날 때 그 고통과 희열을 함께 맛보지 못한 애석함은 지워지지 않을 것 같다.

수시로 곱씹던 이야기 줄거리들이었다. 그것들은 가끔씩 지인들과 나누는 수다의 주제가 되기도 했고, 남편에게 뭔가 꼬투리를 잡으려들면 요긴하게 쓰이는 꺼리가 되었다. 그러다 언제부터인가 시들해진 듯 꺼내는 횟수가 뜸해졌다. 그런데 며늘애를 붙들고 말하기 시작하자 새롭게 감정이 되살아나는 걸 실감했다. 그럴 때면 나를 보는 며늘애 표정이 여러 번 변했다. 도저히 믿기지 않은 듯 갸웃거리다가, 눈이 둥그레지다가 딱하다는 듯 혀를 차기도 했다.

마침내 며칠 전 아침, 며늘애의 산기가 보였다. 마침 예정일도 되었던 터라 서둘러 채비를 하고 나섰다. 아들은 출근을 미룬 채 함께 병원으로 갔다. 의사는 34세인 산모, 비교적 큰 태아라는 이유로 시간이 걸리겠다고 했다. 그러자 아들은 급한 일을 마무리하고 오겠다며 회사에 갔다.

그런데 며늘애의 통증이 진찰했던 것보다 빨리 이어졌다. 남편 없이 혼자 고통스러워하는 애를 붙잡고 있자니 눈물이 나왔다. 얼마나 아플까, 어떤 말도 위로가 되지 않을 테고 내가 해줄 수 있는 것은 울면서 기도하는 수밖에. 입 밖으로 소리도 내지 못했다. 병원에서는 눈물을 줄줄 흘리면서 허둥대는 시어머니를 의아한 듯 바라봤다. 나중에 생각해보니 멋쩍기 그지없었지만 그때는 다른 도리가 없었다.

드디어 분만실로 옮겼다. 며늘애의 극에 달한 비명은 들리는데 아들은 아직 오지 않았다. 빨리 오라고 전화로 재촉했다. 그러다 혹여 급히 운전하면 어쩌나, 전화기를 든 내 손이 축축했다. 하지만 누구보다도 아이 아빠인 아들이 곁에 있어야 하지 않는가. 아들이 그 자리에 함께하지 못하는 것이 내 잘못인 양 초조했다. 진작 오라고 할 걸 그랬나보다. '아가야, 네 아빠가 도착할 때까지 기다려주지 않을래?' 터무니없는 생각까지 들었다. 산모는 한시라도 빨리 낳으려고 죽을힘을 다하고 있는데 말이다. 3.8킬로그램의 손자녀석이 첫 울음을 터뜨리고 며늘애가 편안히 누워있는 모습을 보기까지 서너 시간 걸렸다는 것을 뒤에야 알게 됐다.

며칠 지나니 내 마음에 여유가 생긴 것일까. 며늘애 가슴에는 아이 낳던 이야기가 어떻게 담겨있을 것인가, 그 애도 먼 후일 나처럼 들려줄 이야기가 많을까 궁금하다.

내 안의 반란

며칠 전 가르마를 다른 쪽으로 탔다. 머리 한 부분에 탈모가 생겨 가르마를 바꾸면 좋겠다는 조언을 듣고 그리 한 것이다. 그런데 생각보다 쉽지 않았다. 고집을 부리듯 머리칼이 잘 넘어가지 않는 것이다. 한쪽으로 가르마를 탄 것이 언제부터였는지 기억은 없으나 내 나이만큼이라면 꽤나 오래 되었지 싶다. 중늙은이의 괜한 고집이 연상돼 씁쓸했다.

내 몸과 마음을 어찌 해볼 도리가 없어 쩔쩔맸던 적이 이뿐이겠는가. 입으로는 건강을 운운하면서도 지켜 실천하는 게 여간해서 되지 않았다. 몸이 보내는 위험신호에 귀 기울이기도 잠시, 또 다시 흐지부지 하고 말았다. 마음 또한 어찌해볼 반란은 나를 거칠게 휘몰아대지만 않는다. 달콤하게 소삭거려 헷갈릴 때도 있다. 각기 다른 반란꾼들이 뒤엉켜 싸우기도 한다. 그럴 땐 나는 그만 싸움에 휘둘려 맥없이 주저앉는 심정이 된다. —<내 안의 반란>

수 없을 때가 허다하다. 내 안에서 제멋대로 휘두르는 누군가가 있는 듯하다.

어느새 나도 병원을 들락거리는 일이 잦아졌다. 눈에 문제가 생겨 고쳐놓으면 심장까지 이상이 있다하고, 허리통증으로 끙끙대다 진찰을 받다보면 목까지 이상이 있다한다. 그렇게 이곳저곳을 고치러 다니다 보면 운동하고 음식 조절하라는 말을 거의 빼놓지 않고 듣는다. 카페인 중독이 된 듯 하루를 커피와 함께 시작하는 나, 마침내 커피도 마시지 말라는 명까지 받았다. 하지만 내 안에서 순순히 따르지 못하게 세찬 반란이 일어 그만 기가 꺾이고 말았다.

때로는 오래된 버릇들이 반란의 실체가 되기도 한다. 나는 아무리 애를 써도 고쳐지지 않는 버릇들이 있다. 시간에 인색한 탓인지 매사 여유가 없다. 할 일을 미루다 급하게 되면 쫓기듯 하여 일을 그르치곤 한다. 또 어디를 가려고 하면 시간을 재듯 천천히 움직거리다 불똥이 떨어진 것처럼 허둥댄다. 후회와 다짐을 수시로 뒤집어대는 나. 그토록 고쳐지기가 어려운 건지 참 모를 일이다.

충동적으로 물건을 사는 것 또한 고약한 버릇이다. 값을 치르는 순간 아차 해보지만 이미 내 손에 들려져 있는 물건들.

그것들은 옷가지나 장신구들일 경우가 많다. 그 버릇 또한 내 안에서 강하게 꿈틀대는 반란의 모습임을 어이하랴.

반란은 나를 거칠게 휘몰아대지만 않는다. 달콤하게 쏘삭거려 헷갈릴 때도 있다. 각기 다른 반란꾼들이 뒤엉켜 싸우기도 한다. 그럴 땐 나는 그만 싸움에 휘둘려 맥없이 주저앉는 심정이 된다.

가장 힘든 게 '자기와의 싸움'이라고 한다. 그 말을 점점 실감하고 있다. 나이가 들수록 내면의 반란은 더 기승을 부리는 것 같다. 금방 돌아서서 가슴을 치면서도 뒤미처 거듭할 때는 깊은 자괴감에 빠진다.

오늘도 거울 앞에 서서 머리를 빗는다. 벌써 여러 날이 지났는데도 새 가르마 쪽으로 머리칼이 넘어가지 않는다. 얼마의 시간이 더 필요한 걸까. 그래도 자꾸만 길들이다 보면 언젠가는 자리가 잡힐 것이다.

그런데 눈에 보이는 가르마는 자리 잡게 할 수 있다하더라도, 무시로 일어나는 내 안의 반란은 어떻게 해야 할지. 반란이 제풀에 스러지지는 않을 터. 기를 북돋워 반란에 맞설 채비를 해야 되지 않을까.

누군가 보고 있다면

약속시간이 임박해 허둥대며 집을 나섰다. 마침 승강기가 우리 집이 있는 16층에 다가오고 있었다. 바쁠 때는 그 숫자가 어디에 있느냐에 따라 시간 차이가 만만치 않다. 구두에 겨우 발을 걸친 채 나는 서둘러 승강기를 탔다. 마침 안에는 아무도 없었다. 구두를 제대로 꿰신고 거울을 보면서 매무시를 다듬다 아차 했다. 휴대전화기를 잊고 나온 것이다. 거의 다 내려왔으니 그냥 갈까 하다가 그날따라 그게 꼭 필요할 것 같아 다시 올라갔다.

급히 전화기를 챙긴 뒤 다시 승강기를 타고 막 내려오는 순간, 이번엔 또 다른 생각이 나를 붙잡았다. 마음이 급한 나

머지 현관문을 밀어붙이다시피하고 나선 것이 영 찜찜한 것이다. 자동으로 된 집의 문이 가끔 완전히 닫히지 않던 기억이 났기 때문이었다. 그대로 외출했다가는 혹시나 하는 불안이 내내 떨어지지 않을 것 같았다. 아무래도 아니다 싶어 내리질 않고 다시 올라갔다. 문단속을 하니 그제야 마음이 놓여 편히 내려왔다.

도대체 승강기를 타고 몇 번 오르내린 건가. 가늠도 없이 행동하는 자신이 참 딱하다 싶었다. 그러다 문득 내가 하고 있는 행동을 누군가 보고 있으리란 생각이 스쳤다. 아파트 경비시스템이 있는 사무실에서 직원들이 CCTV화면을 주시하고 있던 광경이 떠올랐다. 그래서 승강기 안에 있을 때 그들이 내가 하는 짓을 샅샅이 보고 있겠지 하는 생각이 들면 공연히 섬뜩해지곤 했다. 그러니 내 모습을 보면서 '쯧쯧, 저 사람은 왜 저리 왔다 갔다 할까.' 하지 않겠는가.

요즘은 언제 어디에 나의 흔적이 남게 될지 모른다. 길을 가거나 차를 타서도, 건물 안에서까지 아마 하루도 찍히지 않는 날이 없을 성싶다. 한 사람이 하루에 180번 이상 찍힌다는 말을 들은 적이 있다. 공개적으로 촬영 중이라는 곳도 있고 드러나지 않게 설치해놓은 곳도 있다. 이 시대에 맞춰 살아가려면 그렇게 해야 된다지만, 내가 찍히고 있다는 게 썩 내키지 않았다. 수없이 찍힌 내 영상을 어디서 누가 구경거리로 삼고 있을지 모를 일 아닌가. 이따금 짓궂은 아이처럼 나를 촬영하고 있는 수많은 기기들 앞에서 윙크를 한다든가 혀를 날름거리는 심술궂은 생각이 들 때가 있다.

그렇지만 찍히기만 하는 게 아니라 종종 나도 일방적으로 찍지 않는가.

치앙마이에서였다. 고산족인 카렌족 여인들이 목에 여러 겹의 링을 걸고 베틀에 앉아 있었다. 그 여인들은 자신들이 하나의 상품인 양 관광객에게 눈길을 맞추며 배시시 미소를 보냈다. 다섯 살부터 매년 하나씩 덧씌워지는 무거운 링의 무게 때문에 길어진 목. 가냘픈 몸매. 슬퍼 보였고 안쓰러웠다. 하지만 그들은 그냥 일상인 것을, 내 멋대로 추측하며 감상에 젖는 게 아닐까. 몇 컷의 사진을 찍고 돌아서는데 누군가 옆에서 말을 건네는 듯했다. 그들이 찍히기를 원했던 것일까. 자신을 찍는 나를 바라보면서 그들은 어떤 마음이 들었을까 하고.

원하지 않아도 누군가 보고 있다는 것, 그게 꼭 사진을 찍어 기록으로 남기지 않더라도 훔쳐보는 것도 그와 흡사하지 싶다. 나는 대중목욕탕에서 여자들이 일급비밀로 여기는 체중계 숫자를 왜 그리 보고 싶은지 모르겠다. 몰래 곁눈질하다가 혹여 들키기라도 하면 어쩌나 하여 궁금증을 걷어 들이긴 하지만 솔직히 아직도 뿌리 뽑지 못하고 있다. 그리고 건너편 아파트를 보다가 누군가의 실루엣이 어른거릴 때, 나는 더 파고들어 보고 싶은 충동이 일곤 한다. 내게 망원경이 없다는 게 얼마나 다행인가. 참으로 아슬아슬한 노릇이라 아니할 수 없다.

그런저런 생각을 하면 내가 어디선가 찍힌다는 것을 못마땅하게 여길 건 아닐 성싶다. 찍고 찍히면서 사는 것이 삶의 톱니바퀴를 맞춰가는 것이라고 받아들이면 되는 것이리라.

누가 뭐라 건 개의치 말자. 어차피 내 삶을 누구에게 보이기 위해서 사는 게 아니지 않는가.

III

혼자를 꿈꾸다

눈치 보기

오늘도 에스컬레이터를 몇 번인가 타고 내렸다. 외출할 때면 늘 있는 일이다. 에스컬레이터가 언제 우리나라에 들어왔는지, 내 기억이 맞는다면 족히 40년은 넘은 듯하다.

처음 탄 것이 아마 백화점에서가 아니었나 한다. 외국 영화에서나 나옴직한 그것을 처음 보았을 때, 참 신기해하면서도 짧은 치마에 굽 높은 구두를 신은 다리가 후들후들 떨리곤 했다. 더구나 아래로 내려갈 때는 어지럼증까지 일었다. 오랜 세월이 지났지만 나는 아직도 선뜻 발을 내밀지 못하고 주춤거릴 때가 많다. 요즘은 몇 발자국만 가다보면 에스컬레이터가 흔히 볼 수 있을 만큼 많아졌다. 언젠가 홍콩에 갔을 때,

세계에서 가장 길다는 에스컬레이터가 건물 밖을 휘돌다시피 이어져 있어 고개를 돌려가며 바라본 적도 있다.

특히 전철을 타기 위해서는 에스컬레이터를 몇 번씩 오르락 내리락 해야 한다. 초창기엔 거의가 두 사람이 서 있도록 되어있었다. 그러다보면 녹음된 말이 반복해서 들렸다.

"한 줄로 서서 바쁜 사람을 위해 자리를 내어 줍시다."

같은 내용의 문구가 주변 곳곳에 붙어 있었다. 그렇게 듣고 본 탓인지, 혹여 두 사람이 서 있으면 뒷사람이 구시렁대거나 대놓고 눈총을 쏘아대며 비집고 나아가곤 했다. 그러는 사람이나 당하는 사람 모두 당연하다는 듯했다. 그러다 언제부터인가 달라졌다. 두 사람이 서 있으면 안 된다는 것이다. 에스컬레이터가 한 쪽으로만 쏠려 고장의 우려가 있다는 것이다. 과학에 문외한인 나도 고개가 끄덕여지니 맞는 말임엔 틀림없는 것 같다. 아무튼 말이 바뀌었다.

"에스컬레이터에서는 걸어서도 안 되고 두 줄로 서 있어야 합니다."

따라서 군데군데 씌어있는 글귀도 달라졌다. 그런데 아무리 외쳐대도 들은 척하지 않는다. 처음 그 말이 이미 깊숙이 박혀있는 모양이었다. 이런 걸 두고 세뇌되었다고 할 수 있지 않을까. 하지만 나는 시킨 대로 해야 될 것 같았다. 그럴 땐 나도 모범생 기질이 있지 않나 하는 생각이 든다. 그래서 다른 사람이 있는 옆에 나란히 서 있으면 눈총이 얼마나 심한지 모른다. 어떤 사람은 호통을 치고 가기도 한다. 결국 견디지 못해 자리를 비켜주게 된다. 그들에게 일일이 설명해줄 수도 없는 노릇, 어쩌겠는가. 튀어나오는 볼멘소리를 스스로 삭힐밖에.

그러다가 어느 날 한 글귀가 눈길에 잡혔다.

"눈치 보지 마세요."

어쩌면 그 글귀를 보지 못했거나, 마음에 담지 않고 지나치는 사람이 대부분이지 싶다. 하지만 나는 그 말을 보는 순간 그냥 흘려버리게 되지 않았다. 나처럼 눈치를 보면서 옳은 것도 옳다하지 못하는 사람이 많은가 보다.

나는 눈치가 없다고 핀잔을 들은 적이 많다. 얼마 전, 한 지인이 나를 오해하여 주변사람들을 붙잡고 비난을 적잖이 해댔다. 나는 그가 나를 멀리하려는 것도 모르고 평시처럼 스스럼없이 대하곤 했다. 어쩌면 그리 눈치가 없었던지, 그 사실이 상처로 남아 얼마나 가슴앓이를 했는지 모른다.

그런가 하면 눈치를 너무 본다는 말도 자주 들었다. 요즈음도 나는 눈치를 보느라 끙끙대고 있다. 남편과 일본여행을 하기로 한 달여 전에 예약해놓고 떠날 날이 이삼일 남은 지금까지 주변에 말을 하지 못하고 있는 것이다. 누구에게 손을 벌리는 것도 아니건만 괜히 눈치가 보이는 것이다. 그들이 어떻게 생각할까 미리 이런저런 그림을 그렸다 지우곤 하는 것이다.

일상에서 그런 경우는 수두룩하다. 눈치가 없는 것도, 눈치를 너무 보는 것도 어찌 해야 적절하게 할 수 있을까. 아무리 살아온 세월만큼 모아진 지혜를 가지고 애써도 잘 되지 않는다.

에스컬레이터 탈 때조차 전전긍긍하니 내 눈치 보기는 평생 고칠 수 없는 것이려나.

소중한 존재

이따금 산다는 게 허무하고 외로워질 때가 있다. 주변에 아무도 없이 컴컴한 나락에 혼자 떨어진 것 같은 적막감이 나를 두렵게 한다. 깊은 밤 불현듯 감정에 휘감겨 어찌해야할지 막막할 땐 누군가 그리워진다. 그리움의 대상은 뚜렷하지 않다. 그저 내 심정을 선선히 받아주면 족한 것이다.

머릿속으로 얼굴들을 하나 둘 불러 모아본다. 그렸다 지우기를 반복해 보다가 결국에는 한 모습에 다다르게 된다. 언제라도 스스럼없이 '내 말 좀 들어줘' 하거나 '나 외로워', 아니면 어떤 넋두리라도 들어줄 수 있는 친구다.

그녀에겐 불시에 일어나는 내 감성의 크기와 모양을 그대로 보여줄 수 있다. 가끔 현실과 동떨어진 것 같은 내 정신세계, 때로는 역마살이 낀 듯 살아가는 모습을 가감 없이 보여도 흉잡히지 않을까 걱정되지 않는 친구다. 동갑내기 십대부터 함께해온 세월 속에서 우리는 많은 것을 나누었다. 여고 시절 사춘기의 파고를 손잡고 헤쳐 왔고, 젊은 날 채워지지 않은 갈증으로 헤맬 때 다정한 길동무가 되었었다. 중년이라는 현실의 가파른 언덕을 넘으면서 허덕거릴 때도 우리는 서로 도닥여줬다. 부둥켜안고 울기도 했고 일으켜주기도 했다. 아직도 '너'라는 호칭으로, 어느 땐 '계집애'라고 불러도 전혀 거슬리지 않는 친구. 그 친구만큼 나를 잘 아는 사람이 또 있을까. 어쩌면 가족보다도 더 잘 알지 싶다. 아무리 강산이 여러 번 바뀌었어도 둘을 묶고 있는 우정의 벨트는 느슨해지지 않았다.

요즘은 친구가 지방에 있어 자주 만나지 못한다. 1년에 두세 번 보는 게 고작이다. 그래도 언제고 연락을 하면 어제 본 듯 서로의 감성이 따끈하게 전해진다. 며칠 전 친구가 시간을 내어 나를 만나러 왔다. 대여섯 시간 동안 얘기 속에 흠뻑 빠져 있다가 서둘러 고속버스를 타고 내려갔다. 분명 많은 얘기가 오갔을 터인데 내용은 가물거리고 오래 묵은 친구의 모습만 그대로 가슴에 남았다. 친구를 배웅하고 돌아선 지 얼마

되지 않아 휴대전화에서 문자 알림소리가 들렸다.

"약 잘 챙겨 먹고 건강해야 돼."

내가 먹어야 할 약들을 소홀히 하고 있는 것이 마음에 켕겼나 보다. 나는 받자마자 염려 말라고, 건강하다고 답신을 했다. 그랬더니 제 말을 잘 듣지 않는다고 여긴 것인지 바로 또 문자를 보냈다.

"친구야! 네가 나에게 얼마나 소중한 존재인 줄 모르냐."

친구는 내게 으름장 놓듯 했다. 내가 그 친구에게 그토록 소중한 존재라니. 아무리 가깝다고 생각하며 지냈지만 막상 그렇게 말해주니 가슴이 뭉클했다. 내가 친구에게 소중한 존재이듯, 그도 내게 소중한 존재로 가슴에 남아있는 걸까. 그 문자가 주는 여운이 길게 이어졌다.

이번뿐만이 아니라 지난날 친구가 내게 보낸 글과 말들을 되새김해 봤다. 그녀는 늘 나를 걱정해주었고 어느 때는 애처로워 발을 동동 구르기도 했을 것 같다. 하지만 나는 무덤덤하게 받아들였던 것이다. 참으로 무심했던 자신을 나무래 본다.

이제 친구와 나, 우리에게 많은 시간이 남지 않았다. 지난날 함께 했던 그 시간보다 분명 적게 남았지 싶다. 그러니 당부해야겠다. 우리 서로 '소중한 존재'임을 잊지 말자고.

눈먼 사랑

15개월 된 손자녀석이 아우를 봤다. 나도 연년생으로 두 아들을 키웠던 때가 꼬리를 이어서 떠올랐다. 세월이 많이 바뀌었어도 엊그제 일처럼 눈에 선하다. 얼마나 힘겨웠는지 머리가 절로 흔들어진다. 그러니 제 어미가 겪어야할 것을 생각지 않을 수 없었다. 그런데 며느리도 걱정되지만 아우를 본 녀석이 혹여 상처를 받지 않을까하는 우려가 더해져 심란했다. 결혼 후 바로 함께 살고 있는 아들네 손자였기에 더욱 신경이 쓰이는 것이다.

아들과 며느리도 궁리가 많았던 것 같다. 둘째를 출산하기 며칠 전, 둘이서 아이를 안고 밖에 나갔다 들어오더니 나를 사랑은 우리의 삶 속에 꼭 필요한 것일 게다. 헤아릴 수 없고 끊임없이 얘깃거리를 만들어내고 있는 것이 그 사랑이란 것이 아닐까 산다. 일상 속에서 생겼다 사라지기를 거듭하기도 한다. —〈눈먼 사랑〉

불렀다. 큰애를 어린이집에 맡길 곳을 알아보고 왔다는 것이다. 그 말을 듣는 순간, 내 가슴 저 깊숙이 쿵하니 무언가 떨어지는 것 같더니 그 파장이 위로 올라왔다. 코끝이 찡하며 눈가도 파르르 떨리는 듯했다. 저 어린 것을, 아직 말도 못할 뿐만 아니라 알아듣지도 못하는데, 칭얼거리면 누가 사랑으로 보듬어 줄 수 있을까.

그러다 보니 손자를 안고 있는 아들에게도 빗나간 얘기만 해댔다. 아들이 잠시 머춤하며 내 표정을 살폈다. 제 딴엔 내가 힘들까봐 배려한 것이건만 반응이 의외였는가 보다. 그러더니 아이를 맡기는 것에 대한 타당성을 조목조목 들려줬다. 나는 잠시 뜸을 들이며 듣고 있으려니 괜한 감정의 요동을 주체하지 못했던 자신이 머쓱해졌다. 손자를 어린이집에 보내는 것을 무에 그리 심각하게 여긴단 말인가. 호들갑스러운 할미. 그 반열에 서 있는 나를 보고 남들이 눈살 찌푸리지 않을까. 이것도 사랑이라고 할 수 있을까.

사랑은 우리의 삶 속에 꼭 필요한 것일 게다. 헤아릴 수 없고 끊임없이 얘깃거리를 만들어내고 있는 것이 그 사랑이란 것이 아닐까 싶다. 일상 속에서 생겼다 사라지기를 거듭하기도 한다. 나 또한 마찬가지일 터. 지나간 삶 속에 새겨진 사랑의 흔적들이 아름답게 마무리된 것도 있지만 더러 생채기처럼 남아있는 것도 있다. 어느 결에 그 흔적들이 뭉뚱그려져 추억의 목록 속에 칸칸이 박혀 들춰보기 맞춤하게 편해졌다.

그처럼 덤덤하게 살아가는 것이 마땅하다 싶었는데, 사랑 운운 하려니 새삼스럽다. 그것도 눈먼 사랑이라니. 하지만 지금 내가 사랑을 하고 있는 건 분명한 것 같다. 더구나 몸이 아파도 마음이 상해도 멈출 수가 없는 질주를 하고 있는 것이다.

지금처럼 사랑이 나를 눈멀게 한 적이 있었을까. 언제부터일까? 이 사랑은 분명 깊이 뿌리가 박혀 있다. 들여다보면 그 근원이 40년 남짓 된 것 같다. 한 남자와 우연한 만남으로 엮어진 사랑. 아무리 두 눈을 크게 뜨고서 바라봤지만 내 눈에 꺼풀이 덧씌워 있는 것을 그때는 몰랐다. 그게 사랑인 줄 몰랐고 이토록 긴 세월 이어지리라고는 상상도 못했다. 남편에 이어 자식, 그리고 손자까지 대를 이어서 말이다.

그런데 참으로 알 수 없는 게 사람의 마음이 아닌가 한다. 행복하다기보다 상처받을 때가 더 많은 사랑. 함께 있어도 외롭고 쓸쓸한 느낌을 주는 사랑을 왜 포기하지 않는지 모르겠다. 끊임없이 하고 또 한다. 어쩌면 그리 지치지도 않는지. 게다가 세대가 넘어갈수록 사랑을 하는 내 눈에 씌워지는 꺼풀은 점점 두께가 더해지는 것 같다. 자식을 사랑할 때는 남편을 사랑했었던 나를 잊어버릴 정도였고, 손자사랑은 남편과 아들의 존재감이 희미해질 만큼 비할 바가 아니다.

가끔 한 생각이 나를 붙들 때가 있다. 마치 급히 가던 길을 멈추게 하듯 말이다. 나의 사랑앓이가 어떻게 될까. 말끔하게 치유가 되는 날은 언제일까. 사랑했던 그네들. 그토록 내 생애 모든 것을 걸고 사랑했던 그네들이 나를 마다하며 밀어낼지도, 냉정히 돌아설지도 모른다. 그렇다면 지금 내가 '눈먼 사랑' 그대로 머물러 있는 이 순간들이 행복할지도 모른다.

손자녀석을 사랑하는데 구태여 내 눈꺼풀을 벗겨내려 애쓰지 않으련다. 그것도 한때인 것을 나도, 그녀석도 알게 될 때 그때는 저절로 벗겨지지 않겠는가.

됨됨이

책을 읽다가 작가의 모습이 궁금해질 때가 있다. 그러다 작가의 사진과 글을 연상해본다. 서정성이 가득한 글을 대하면 작가도 따뜻하게 생기지 않았을까, 아니면 서사적이거나 논리적인 글을 보면 반듯한 이미지를 풍기지 않을까, 혹은 비판적인 글을 쓰는 사람은 날카로운 눈빛을 지니고 있지 않을까 하면서 나름대로 그려보곤 한다.

그런데 그게 맞지 않을 때가 종종 있다. 맞고 아니 맞고는 나의 괜한 판단인 줄 알면서도 습관처럼 하고 있다.

그렇다면 내 작품을 보고 나처럼 생각해보는 사람도 있지 않을까 하는 생각이 들었다. 얼마 전부터 한 지면에 이년 남짓 연재를 하고 있었다. 그동안 올리는 사진을 두 번 바꿨다. 활짝 웃는 모습이 있는가 하면 약간 어두운 느낌의 것도 있었다. 밝은 모습은 왠지 나답지 않은 것 같고, 어두운 인상은 우울함이 묻어있는 것 같아 이도저도 썩 마음에 차지 않았다. 얼마를 벼르다가 사진을 잘 찍는 지인에게 부탁을 했다. 신경을 써서 찍어달라고. 나는 사진 찍는 걸 그리 달가워하진 않지만 이참에 해 보려고 마음을 먹은 것이다.

사진을 건네주면서 지인이 한마디 했다.

"작가답게 잘 나왔네."

사진 속 인물을 추켜세우는 것인지, 아니면 자신의 사진기술을 내세우는 것인지 모르겠다. 하지만 내 눈에는 별로 탐탁지 않았다. 그래도 성의껏 해준 지인 앞이라 손에서 놓지 못하고 들고 있었다. 괜히 사진을 보기가 민망해 쭈뼛거리다가 마음을 돌려 찬찬히 들여다봤다. 밝게 보이려는 듯 웃음을 띤 여인. 하지만 자글거리는 눈매는 그늘져 있어 웃음과 어울리지 않는 듯했다. 그러다보니 인상 또한 떨떠름하니 자연스럽지 못하다. 사진 속 인물에게 괜한 투정이 나왔다.

그래도 연재하는 글과 함께 새로 찍은 사진을 보냈다. 한편 뭔가 새로운 기대감이 얹어졌다. 몇몇이 각기 다른 반응을 보였다. 먼젓번 사진이 더 좋았다는 평과 아니라는 엇갈린 평들이 분분했다. 그중에 지인이 한 말처럼 작가답게 보이는 사진이라는 평도 있었다.

'~답다'를 말하는 사람이나 듣는 사람 서로에게 흔히들 한다. '작가답게 또는 나답게'라고 말이다. 그 외에도 얼마나 많은 호칭을 앞세워 그에 걸맞은 모습과 태도를 보려고 하는가. 우리는 헤아릴 수 없이 많은 삶의 꼬리표들을 붙였다 떨어뜨리기를 반복하면서 살아간다. 그럴 때마다 맞는 역할을 부여받는다. 때와 장소에 따라, 혹은 환경에 따라 요구나 강요를 받는다.

나는 진정 나답게 살고 있는가. 내가 원하는 나다운 삶이 어떤 것인지. 이제부터라도 바르게 세워나가야겠다. 그리하여 당당하게 '이게 나다운 모습이다'라고 내세울 수 있도록 해야겠다. 설사 나를 바라보는 시각과 나의 참 됨됨이가 어긋났을 때가 있을지라도 누구를 위한 맞춤형 인간이 되지 않으련다.

그렇다면 내게 어떤 꼬리표가 달려있는지 개의치 않아야겠다. 또한 스스로 붙였다 떼어내기를 자신의 의지대로 하련다. 조급하게 생각지 말고 행여 실수나 엉뚱한 짓이 나오면 어쩌랴. 그게 나답게 사는 것이 아닐까.

사진을 준 지인에게 작가답게 찍어주어 고맙다고 해야겠다. 작가답다는 그 말이 나의 됨됨이를 점검하는 시작의 소리로 들리게 해주었으니 말이다.

이야기 셋

소소한 일상에서 건져 올리는 이야기들이 있다. 그 이야기들은 심연 속에 가라앉아 있다가 가끔 잔잔한 파고를 일으키곤 한다.

첫째 이야기다.

나는 예쁜 꽃무늬가 있는 빨간색 콤팩트를 가지고 있다. 겉모양이 마음에 들고 화장도 곱게 되어 자주 애용하곤 했다. 그런데 한 가지 흠이 있었다. 뚜껑 안쪽에 자그마한 거울이 달려있는데, 그 거울이 뿌예서 잘 보이지 않는 것이다. 분을 발라 화장을 마무리해야 되는데 불편하기 이를 데 없었다. 그래서 그 거울을 코앞으로 바짝 대고 들여다보면서 투덜거리곤 했다.

"무슨 거울을 이따위로 만들었담?"

그러저러 어느덧 그 화장품이 바닥이 드러날 만큼 썼다.

어느 날이었다. 여느 때처럼 거울을 보고 있다가 우연히 모서리 쪽을 만지게 되었다. 그런데 뭔가 손끝에 닿았다. 뿌연 셀로판지가 껍질로 덮여 있었던 것이다. 한끝을 일으키자 금방 쉽게 벗겨졌다. 그러자 맑고 투명한 강물 속 같은 거울이 그 속에 들어있었다. 제품을 만들 때 포장을 하느라 셀로판지를 붙여 놓았던 것이다. 그것을 떼는 것을 모르고 그냥 쓰면서 거울만 탓하고 있지 않았는가. 어처구니없어 화장을 하다 말고 혼자 피식 웃고 말았다.

둘째 이야기다.

며칠 전, 차를 타고 조금 길다싶은 터널을 지나가고 있었다. 분명 한낮인데 터널 안이 그날따라 유난히 어두운 것이다. 내 입에선 볼멘소리가 연이어 터졌다.

"터널을 왜 이리 어둡게 했을까?"

하도 구시렁대니까, 옆에 앉은 일행이 나를 힐끔 쳐다봤다. 그러더니 한마디 거드는 것이었다.

"그 선글라스를 벗어보지 그래."

그제야 아참, 내 눈을 시커멓게 가리고 있던 선글라스에 손이 갔다. 그처럼 시야를 가려놓고 잘 보이지 않는다고 탓을 한 게 얼마나 많았을까. 게다가 눈에 보이는 것이 전부인 양 경솔히 굴었던 경우도 종종 있지 않았는가.

셋째 이야기다.

얼마 전, 부부를 위한 프로그램에 참석한 적이 있었다. 거기서 '남편의 잘못이나 나쁜 점'을 적는 시간이 있었다. 나는 나눠준 종이가 미처 모자랄 만큼 적고 또 적었다. 다섯 부부가 함께 있었는데, 아마 내가 가장 많이 쓰지 않았나 싶다. 강사가 그 내용들을 하나씩 칠판에 적어나갔다. 그러자 내 속에 쌓였던 앙금들이 토사물이 되어 칠판 위에서 꿈틀대는 것 같아 슬그머니 민망했다. 강사는 하나하나를 짚으며 읽어 내려갔다. 그러더니 그 단어들을 완전히 뒤바꿔 놓았다. '쫀쫀하다'는 '착실하다'로, '인색하다'는 '알뜰하다'로 변했다. 그밖에도 나의 말속에 담겨진 부정적인 뜻이 순간 뒤집어졌다. 거칠고 볼품없던 말들이 고운 빛깔 옷을 입은 듯 새롭게 태어났다. 아하! 하면서 처음엔 재미가 있어 손뼉을 치면서 웃다가, 나도 모르게 고개가 끄덕여졌다. 그렇다. 내 시각의 각도에 따라 같은 사람도 달리보이는 것을 알지 못했던 것이다. 슬며시 웃음이 스러졌다.

가벼이 지나칠 수 있는 이야깃거리라 할 수 있지만 쉽게 잊히지 않는다. 그리고 나는 가끔씩 그 여운을 되새기며 잊지 않으려 한다.

혼자 하는 식사

나는 쌈 싸먹는 것을 좋아한다. 쌈을 쌀 때, 채소는 한 가지만 하질 않는다. 상추를 기본으로 깻잎과 취나물, 치커리와 쑥갓 그리고 그때그때 준비된 대로 여러 겹을 싸서 먹는다.

채소 속에 넣는 것도 다양하다. 소고기 소금구이나 양념한 불고기 모두 좋아한다. 돼지고기 또한 마찬가지다. 가끔 참치 통조림에서 기름을 뺀 뒤 약간의 양념을 하여 쌈장과 함께 먹기도 한다. 얼마 전 베이컨을 채소에 싸서 먹었더니 맛이 제법 그럴싸하여 몇 번 시도해 봤다.

요즘 쌈을 할 수 있는 채소가 밭에 한창이다. 오늘 낮에 가까운 사람 텃밭엘 갔었다. 어제 비가 온 터라 물기를 머금은

싱싱한 채소들이 보기만 해도 마음이 넉넉해졌다. 밭주인은 자랑스러운 작품인 양 뿌듯해하며 어서 뽑으라고 재촉했다. 나눌 수 있는 것을 즐거워할 줄 아는 주인의 훈훈한 인정에 나는 덩달아 신이 났다. 채소를 골고루 뽑아 한 아름 가슴에 안았다.

함께한 남편이 내친 김에 고기를 구워 쌈을 싸먹자고 성화를 해댔다. 원래 판 벌이기를 좋아하는 사람이니 무슨 핑계가 없을까 하던 차에 구실이 제대로 된 것이다. 나는 일요일 한낮을 번거롭게 하기 싫었지만 마침 아들과 모처럼 함께하는 점심식사인지라 하는 수 없이 그러자 했다. 남편은 내 말이 떨어지기가 무섭게 마루에 신문을 깔고 버너에 불을 켜는 등 부산스레 움직였다. 쌈은 역시 여럿이 어울려 먹어야 제격이지 싶다. 쌈을 싸서 손에 건네주기도 하고 입에 넣어주기도 한다. 그토록 수선스럽게 먹어야 맛이 더해지는 것이 아닐까 한다.

점심을 왁자지껄 치른 뒤 식구들이 제각각 집을 나갔다. 저녁 식사는 나 혼자 하게 됐다. 집안이 고즈넉했다. 식사를 느긋하게 할 요량으로 점심에 남은 메뉴를 다시 식탁에 펼쳤다. 고기를 몇 점 굽고 채소를 갖춰 수북하게 입속 가득 밀어 넣었다. 그런데 갑자기 가슴 속 깊숙이에서 울컥 무언가 밀고 올라왔다. 뜨겁고 뭉클한 느낌이었다. 순간 움직임이 멈칫해졌다. 왜 그랬을까. 나는 천천히 꾸역꾸역 입속으로 쌈을 밀어 넣으면서 생각했다. 그러자 이번엔 코끝이 찡해지면서 눈앞이 흐릿해졌다. 문득 목이 메면서 서럽기까지 했다. 계속 나는 꺽꺽거리면서 쌈을 먹었다.

언젠가 홀로 사는 친구가 하던 말이 떠올랐다. 일상에서 가장 견디기 힘들고 싫은 것이 혼자 하는 식사라는 것이다. 불현듯 그 말이 떠올랐다. 그 친구도 나처럼 그런 기분이 들었을까.

나는 아직 혼자 식사하는 때가 별로 없었던 것 같다. 어쩌다 밖에서 그럴 때가 있으면 혼자 식당에 자리하는 것을 내키지 않아 웬만해서는 먹지 않는다. 익숙지 않은 탓일까. 아니면 호젓이 자신을 마주하고 있는 것이 싫은 것일까. 왜 혼자 먹는 식사를 그토록 의식했는지 모를 일이다. 어쩌면 앞으로 그런 날이 있을지도 모른다는 괜한 생각에 지레 겁먹는 자신이 한심했다. 이런 게 나이 들어가는 것인가. 혼자를 상상만 해도 금세 외로워지고 서러워지면서 감정이 허물어지는 것. 어찌해야 되나. 한시라도 혼자 있지 않으려 누군가를 붙잡고 지내야 되는 건가. 아니면 혼자 먹는 시간을 차츰 늘려 나를 길들여가야 되는 건가. 그도 아니면 잠깐 헛헛증 때문에 감정의 회오리가 일어났었다고 그냥 무시해 버릴까.

아무튼 혼자서 쌈을 싸서 먹는 식사는 당분간 하지 않으리라 다짐한다. 그러면 그리 허물어지는 일은 없을 듯싶다.

가끔은 우는 것도 좋으리

창밖은 봄비로 촉촉이 젖고 있었다. 우리는 영화의 여운을 가슴 가득 안고 찻집에 자리를 했다. 함께 한 일곱 명 모두의 눈가가 봄비를 맞은 듯 젖어있었다. 그 모습이 들킬까 계면쩍어 서로가 시선을 맞추지 못했다. 뜨거운 찻잔을 감싸 안고 생각 속에 잠긴 채 말문을 열지 못하고 있었다. 얼마 동안을 그렇게 있었는지 모르겠다.

누군가 말문을 열었다.

"나도 영화보고 울 때가 있네."

청일점으로 함께한 육십 초반의 A였다.

그러자 누가 먼저랄 것도 없이 말들이 이어졌다.

"존재론적인 측면에서 볼 수 있겠어. 누구든 반드시 죽는다는 것을, 그리고 어떻게 죽어야 하는가를 생각해 보게 했어."

평소 삶의 성찰이나 깊이 있는 신앙관과 철학들에 대해 얘기를 자주 하던 B가 말했다.

그리고 평소 별로 말이 없던 C. 말하는 사람들을 따라 눈길을 돌리며 듣기만하다가 머뭇머뭇 말문을 열었다.

"지난날 시어머니가 떠올려져. 어쩌면 그렇게 내게 냉담했었는지…."

평소 감정을 거의 드러내지 않던 그녀였다. 울먹이면서 털어놓기 시작하자 시선을 모두 그녀에게로 향했다. 영화에서 시어머니와 며느리가 주고받는 애증과 연민을 보면서 자신이 겪은 게 떠오르는 모양이다. 어떤 감정도 건네주지 않았다는 시어머니. 차라리 미움이라도 주었으면 '미운 정'이라도 추억하련만, 그 표정 속에 어른거리는 한을 보면서 C가 조금은 낯설게 느껴졌다.

영화 「세상에서 가장 아름다운 이별」을 봤다. 영화는 치매 걸린 시어머니와 말기 암으로 죽음을 앞둔 며느리가 축을 이루면서 주변식구들과 매듭을 풀어나간다. 의사이면서도 실패한 삶을 살고 있는 무뚝뚝한 남편, 유부남을 칠 년째 사랑하

요즈음 부쩍 죽음에 대한 생각이 자주 떠올려진다. 삶과 죽음은 누구나 겪는 것, 죽음이란 결국 자기 자신과, 다른 사람들과 이별이라 할 수 있으리라. 어떻게 해야 그 이별을 아름답게 할 수 있을까. 언제까지고 남의 일처럼 제쳐 놓을 수는 없을 것이다.

—〈가끔은 우는 것도 좋으리〉

고 있는 딸, 재수를 하는 시원찮은 아들이 가족이다. 그리고 며느리에겐 도박과 폭력을 일삼는 망나니 남동생 부부가 유일한 친정붙이다. 시어머니는 병들기 전, 시집살이를 심하게 시켰었다. 그렇던 고부관계가 환자와 간병인이 된 것이다. 아내의 병을 알게 된 남편은 혼자서 괴로워하면서 자학한다. 만취하여 뒹구는가 하면 가족들에게 거친 말을 마구 한다. 이해할 수 없는 가장을 보는 식구들은 당황하고 반항을 일으킨다. 자신의 통한을 제대로 표현 못하는 어눌한 남편의 모습, 죽음이 시시각각으로 다가오는데도 투박하게 구는 자식들과 식구들의 일상을 챙겨야 하는 며느리. 드디어 죽음을, 이별을 하기 위한 시간과 장소가 마련됐다. 오롯이 부부만의 애틋하고 아름다운 시간을 가진다. 못다 한 사랑을 주고받은 뒤, 한 사람은 떠난다. 그리고 남은 가족은 소박한 사랑이 깔린 일상을 잔잔히 살아간다.

처음엔 내 감정은 능히 조절할 수 있으려니 하고 짐짓 덤덤한 척했는데, 나도 모르게 눈물꼭지가 열려지더니 걷잡을 수 없이 되고 말았다. 그처럼 눈물을 흘려본 게 오랜만이지 싶다. 카타르시스를 제대로 느껴본 듯하다.

그런데 나는 왜 그리 많이 울었을까. 남의 상가에서 제 설움을 토해낸 기분이 그런 것일까. 요즈음 부쩍 죽음에 대한 생각이 자주 떠올려진다. 삶과 죽음은 누구나 겪는 것. 죽음이란 결국 자기 자신과, 다른 사람들과 이별이라 할 수 있으리라. 어떻게 해야 그 이별을 아름답게 할 수 있을까. 언제까지고 남의 일처럼 제쳐놓을 수는 없을 것이다.

이 세상에서 가장 깨끗한 물이 눈물이라고 한다. 그 깨끗한 물로 씻겼기 때문일까. 우리는 한층 말개진 모습으로 찻집을 나섰다. 어느 결에 빗발이 굵어져있었다.

혼자를 꿈꾸다

가을이 무르익어 갈 즈음 설악산 등반에 나섰다. 모처럼 가을 정취를 만끽하려고 벼르고 나선 참이었다. 그런데 막상 산 입구에 들어서니 소란스러워 마음이 헝클어졌다. 산 입구부터 인파가 휘젓고 다녀 조용한 감상은 아예 접어야 될 듯싶었다. 하지만 나도 그들 중 한 사람이니 탓해서 뭐하랴.

함께한 일행들에게 괜히 심사 불편한 모습을 보이지 말아야지 하면서 보폭을 맞추며 걸었다. 그러다 잠시 한눈을 팔았는가. 그만 일행이 보이지 않았다. 꾸물댔던 내가 문제인 것이다. 아무리 두리번거려도 그 사람이 그 사람 같아 찾을 수 없었다. 하필 휴대전화까지 지니질 않았으니 낭패도 이만저만이 아니었다.

슬그머니 그들에게 서운함이 일었다. 어쩌면 내가 없어진 줄도 모르고 자기들끼리 얘기에 열중하고 있는 건 아닌지, 시간이 갈수록 내 잘못은 잦아들고 오로지 그들에 대한 원망만이 부풀어갔다. 마음속이 부글부글하니 주변 경관이 차분히 시야에 들어오지 않았다.

하지만 어쩌겠는가. 마침 근처에 펑퍼짐한 돌이 눈에 띄어 자리하고 앉았다. 얼마쯤 하릴없이 있자니 시나브로 마음이 가라앉는 듯싶었다. 어차피 벌어진 일, 괜히 시간을 축내고 있을 필요가 없잖은가. 생각하기 나름이라는 말은 이럴 때 쓰는 게 아닌가 말이다.

나는 천천히 자리에서 일어났다. 마음을 훌훌 털어버린 것 같이 홀가분해지자 발걸음도 따라서 가벼워졌다. 더할 수 없는 여유로운 몸짓으로 산길을 걸었다. 그러자 수선스럽게만 느꼈던 산행의 맛이 새롭게 다가왔다. 울긋불긋한 나뭇잎들과 어우러진 사람들의 생동감이 연출한 가을의 정취, 거기에 나 또한 한 몫이 돼갔다. 얼마나 자유로운 시간인가. 아직도 일행들과 함께였다면 그들과 얘기를 주고받느라 그토록 느긋하지 못했을 성싶다. 말주변 없는 내가 말동무를 해주려고 낑낑

댈 수도 있겠지.

나는 원래 낯가림이 심했다. 그게 신경이 쓰여 가끔 혼자 있고 싶을 때가 있었다. 그러지 말자고 스스로 타이르듯 남들과 어울려보려고 했다. 그래야 되지 싶어서였다. 하지만 태생 탓인지 어느새 제자리로 돌아가 있는 자신을 느끼곤 했다. 그러면서 꿈을 꿨다. 혼자만의 공간, 혼자만의 여행 그리고 낯선 곳에 서성이고 있는 나. 어느 때는 '이상'처럼 날개를 달아서 힘껏 날려 보내기도 했다.

그런데 혼자를 그리는 것은 꿈에서만 가능한 것일까. 언제부터인가 길들여진 인간처럼 막상 혼자의 시간과 공간이 주어지면 편안치 못했다. 이제 도리어 혼자가 되는 연습을 시작해야 될 것 같다. 꿈이 아닌 현실 속으로 나를 데리고 와야겠다. 사노라면 혼자 겪어야할 것들이 참으로 많지 않는가. 아무리 가까운 존재들이 있다 하더라도 나눌 수 없는 아픔과 고통이 있기 마련이다. 그 누구에게도 말할 수 없는 혼자만의 문제는 또 어찌할 수 있을까. 어쩌면 점점 그 절실함이 늘어날 것 같다. 게다가 앞으로 내게 남은 세월 따라 어쩔 수 없는 절대고독도 군더더기처럼 얹힐 것 아닌가. 어쩌면 나의 지나친 군걱정이 아닐까 하다가도 가시지 않는다.

산행에서 일행을 놓치고 잠시 혼자이었던 그 시간. 비록 짧았지만 나를 생각해 볼 수 있는 값진 시간이었다는 생각이 들었다.

잠시 뒤, 저만치서 일행 하나가 손짓하며 달려왔다. 조금 전까지 오락가락하던 상념들을 내 머릿속에 잘 갈무리해 두어야겠다. 나와 일행은 서너 시간 함께하지 못했던 사연을 왁자하게 건넸다.

원숭이 섬의 소년

신의 천국이라 했던가. 발리 주택가는 성황당들이 즐비하게 늘어선 것처럼 보였다. 어쩌면 그처럼 수많은 신들이 일상 곳곳에서 함께할 수 있을까. 그들은 숨 쉬고 움직이는 동안 잠시라도 신을 의식하지 않을 수 없는가 보다.

집에 담은 없어도 마당이나 집안에 반드시 해야 할 것이 있단다. 식구 수대로 탑을 만들어 놓고 수시로 제사를 지낸다는 것이다. 그것으로도 부족하다 싶은 걸까. 집 입구나 동네 가게 앞에도 작은 제단들이 보였다. 오며가며 손 모아 눈감고 서 있다가 지나간다. 비록 잠깐이라도 정성을 다하는 듯했다. 대부분의 제단은 지극히 소박했다. 접시에 꽃잎 몇 가지 자연

물과 작은 촛불이 놓여있는 것이다.

신과 사람들과 자연이 일상 속에 버무려져 있는 발리, 그 이국적인 풍경에 묘한 매력을 느꼈다. 그게 여행의 별미 아닐까. 어디고 새로운 나라에 발을 들여놨을 때 설렘과 호기심이 생기게 마련이다. 발리는 유명한 유적지나 빼어난 풍광을 보기보다 그들의 삶 자체가 나를 자극했다. 그들을 전혀 알지 못하는 내 상상력이 꿈틀거리기 시작했다. 마치 백지에 그림을 그리듯이 말이다. 그들은 신을 어떻게 여기는 것일까. 두려움일까, 아니면 머리 숙여 감사하는 것일까. 모든 것에 그토록 신을 향해 고개를 숙이는 그들이 참으로 순수하지 않겠나. 어쩌면 내가 그렇게 생각하고 싶었던 것이었는지도 모른다.

하지만 어찌 쉽게 알 수 있을까. 그런대로 며칠을 지내다가 원숭이 섬이라는 곳을 갔다. 벼랑 밑에 바다가 보이고 원숭이들이 떼를 지어 살고 있는 곳이라 관광객들의 발길이 많이 닫는 곳이다. 그곳에 가기 전 가이드가 당부를 했다. 원숭이들이 많은데 어찌나 꾀 많고 다루기 힘든지 소지품 간수를 톡톡히 하라고 말이다. 선글라스나 모자 따위를 낚아채기 일쑤라고 했다. 원숭이들은 재미로 하는지 모르지만 잽싸게 물건을 빼앗아 되찾기 어렵다는 것이다.

단단히 채비를 하고 나섰는데 일행 중 한 명이 그예 당하고 말았다. 배낭에 삐죽이 보였던 수건을 순식간에 원숭이가 가져가버린 것이다. 귀중한 것이 아니기 다행이다 싶어 하나의 해프닝으로 넘기려 했다. 가볍게 웃으며 가던 걸음을 다시 내딛었다. 그런데 어디선가 난데없이 한 소년이 나타났다. 까무잡잡한 피부로 호리호리하며 열 살 정도로 보였다. 그 소년 손에 방금 없어진 수건이 들려져 있는 것이다. 소년은 우리 앞에 서서 수건을 내밀며 눈으로 뭔가 표현을 하고 있었다. 우리는 어떻게 해야 하나 주저주저 하고 있는데 가이드가 가까이 오더니 사례를 해야 된다는 것이다. 소년과 우리의 가이드는 착착 죽이 맞는 듯했다. 스스럼없이 1불을 건네받은 그 소년은 유유히 다른 곳으로 자리를 옮겼다. 또 다른 일거리를 찾아가는 모양이다.

순간 나는 혼란스러웠다. 발리에는 매사 신과 함께하는 소박하고 순수한 사람들만 살고 있으려니 생각했던 것이다. 그들의 잠깐의 일상을 보고 그리 생각한 내가 참으로 어처구니없는 발상을 한 게 아닌가. 그처럼 단순하게 바라보고 마음에 다져놓는 나의 습성이 발리에서도 영락없이 드러나고 말았다. 하지만 나 혼자 생각하다 스스로 거두고 말았으니 다행으로 여기고 그냥 내 여행의 한 컷으로 남기기로 했다. 하지만 그 많은 신들이 숨 쉬고 있는 발리의 밑그림 위에 자리한 원숭이와 소년 그리고 가이드. 어울리지 않은 것 같은 생각은 웬만해선 지워지지 않을 것 같다.

한 획을 긋다

8월 마지막 날 아침 6시 경, 김포공항으로 가는 공항버스를 기다리고 있었다. 정류장엔 이미 낯익은 모습이 여럿 보였다. 인사와 웃음을 나누며 차에 올랐다. 남편이 몸담고 있는 남성합창단이 제주도에서 공연을 한다기에 함께 나선 길인 것이다.

공항에 도착하니 왁자지껄했다. 단원들과 가족들 106명이 속속 모여드니 얼마나 나눌 말들이 많겠는가. 단원들 손에 들려있는 넓적한 검은 가방들이 눈길에 들어왔다. 단복이 꾸겨질까 옷 커버에 담아 소중한 물건인 양 하고 있는 것이다. 이번 여정이 단순한 관광만이 아니라는 것이 실감났다.

한 시간도 못 돼 제주도에 닿았다. 유난히 많이 내린 비로 지루했던 올여름, 그 계절 끝자락의 제주도는 햇빛이 화사했고 바람도 산들거려 더할 나위 없이 좋은 날씨였다. 저녁시간까지 관광이 예정되어 있었다.

그런데 몇몇 단원들은 관광을 하면서도 마음이 편치 않은 것처럼 보였다. 옆에 있는 남편을 슬쩍 보니까 커닝 페이퍼 같은 쪽지를 자주 들여다보며 중얼중얼한다. 잠시 후 이유를 알았다. 합창곡 가사가 외어지지 않아 전전긍긍하고 있는 것이다. 그렇지, 세월만큼 점점 삭아가는 기억력 때문에 쩔쩔맬 때가 얼마나 많은가.

아무래도 연습을 해야겠다는 생각들이 모아졌는지, 예정보다 좀 이른 시간에 목적지인 교회로 갔다. 드디어 공연 순서가 되었다. 단장이 짤막하게 인사말을 했다. 합창단이 창단된 지 10년, 처음에 8명으로 시작해서 지금은 80여명이 됐단다. 이어서 지휘자가 덧붙였다. 해외에서 공연하는 게 처음이라는 농담 섞인 말과 음악성이 뛰어나지는 않으나 찬송으로 은혜를 나눈다고 했다. 공감되는 그 말에 고개가 절로 끄덕여졌다.

첫 곡은 자주 들어서 따라할 정도로 익숙한 곡이다. 두 번째 곡부터는 새로운 선곡인 것 같아 불안해지기 시작했다. 가사를 외우려고 애쓰던 모습이 떠올라서였다. 행여나 실수하면 어쩔까 세 번째 곡이 끝날 때까지 마음을 졸였다. 앙코르 곡까지 끝나자 함께한 가족들 모두가 일어나 박수를 치며 환성을 질렀다. 언제나처럼 가슴이 뭉클하며 감사로 눈시울이 촉촉해졌다. 언제나 그들의 합창은 나를 그렇게 감동에 젖게 한다.

이 합창단의 합창을 처음 들었을 때가 잊어지지 않는다. 희끗희끗한 머리의 연륜이 배어있는 남성합창단. 듣기로는 평균 나이가 65세 가까이 된다고 했다. 그들이 들려주는 화음은 어떤 기교나 실력보다 숙연하게 했다. 내 속에 파고든 깊은 울림은 쉽게 지워지지 않는 여운으로 남았다. 그 뒤부터 나는 수시로 남편에게 입단하라고 조르다시피 했다. 쉽게 응하지 않던 남편이 이년여가 지나자 마침내 입단을 했다. 그런데 처음 얼마 동안 그는 투덜대기 일쑤였다. 음악도 모르는데 어렵다고, 매주 연습하는 시간 내기도 힘들다면서 그만 두겠다는 것이다. 그럴 때마다 나는 격려와 지지를 보내며 달래듯이 했다. 그런저런 시간들이 어언 5년이 흘렀다.

제주도는 언제라도 아름다운 해변과 올레길, 이국적인 풍경들에 대한 소감을 담고 돌아올 수 있는 곳이었다. 그런데 이번 여행은 그곳에서 울려 퍼지던 합창단의 모습이 영상으로 남을 성싶다. 시간이 지나 배경은 희미해진다 하더라도 그 영상은 언제까지고 지워지지 않으리라. 어찌 제주도에서만이겠는가. 그들의 감동적인 울림은 또 다른 곳 어디서고 이어갈 수 있을 것이다.

IV

아침나들이

아침나들이

떠지지 않는 눈을 비벼가며 시계를 봤다. 6시가 조금 넘은 시각이었다. 남편의 구시렁거리는 소리가 들린 지 꽤 된 것 같았다.

제대로 들리지 않던 소리가 귀에 잡혔다. 아침 운동을 하러 나가자는 것이다. 내 얼굴이 저절로 찡그려질 수밖에. 드러내지 않으려 애쓰며 수락도, 거절도 아닌 대꾸를 했지만 좀처럼 몸이 말을 듣지 않았다. 잠자리를 벗어날 수가 없는 것이다. 남편은 어쩔 수 없다는 듯 일어나더니 집안을 서성이는 것 같았다.

그런 줄 알면서도 나는 또다시 잠이 들었다. 그런데 남편이 침대 가까이 서서 하는 말, 이번엔 배가 고프다는 것이다. 말을 듣고 눈을 게슴츠레 뜨니 남편의 일그러진 표정이 어른거렸다. 하는 수 없어 시계를 보니 8시를 가리키고 있는 게 아닌가. 이제 더 이상 시간을 끌면 안 되겠구나, 나는 몸을 일으키면서 한 제안을 했다.

"먹을 것을 준비해서 강변에 나가자."

그는 먹을 것이란 말이 솔깃했던지 금방 환한 표정으로 좋아했다. 커피를 내리고 과일, 빵을 싸서 제법 피크닉 자세를 갖췄다. 살금살금 소리 내지 않으려고 조심하면서 손을 재빠르게 움직였다. 혹시 휴일 아침 곤하게 자고 있는 아들 내외에게 들릴까 해서였다.

아침형인 남편과 40년 가까이 같이 살면서 내가 아직도 괴로운 것 중의 하나가 일찍 일어나는 것이다. 휴일에도 제 시간에 일어나 움직여야만 하는 사람. 아침을 먹고 다시 잠들더라도 그렇게 하길 원한다. 그에 비해 아침이면 모든 세포가 곤죽이 된 듯 처져 있는 나다. 그런 불협화음 때문에 그를 원망도 해보고 자신을 탓해 보기도 하고, 뒤죽박죽일 때가 많다.

게다가 요즘은 결혼한 아들네와 함께 사니까 한 걱정이 더 얹혀졌다. 남편이 눈치껏 하면 좋으련만 오랜 세월 몸에 밴

아침 공기는 상쾌했고, 강변엔 뜨문뜨문 사람들이 오가고 있었다. 준비해간 음식을 먹으면서 강을 바라보고 있자니 괜히 서글펐다. 가끔 내 감정은 엉뚱한 곳으로 뻗쳐 오르는 게 문제다. 스스로 다스리지 못할 정도의 속도감이다.

— <아침 나들이>

습성들을 고치라 하는 것도 무리이지 싶다. 내가 은근히 잔소리가 늘었다. 그래도 다행이랄까. 남편이 내 말을 그냥 흘려 버리지 않은 것 같았다. 가끔 깜빡 잊을 때도 있고, 편치 않은 심경을 내비칠 때도 있지만 염두에 두고 있는 것 같아 고맙기도 하다. 그래서 오늘도 일찍 일어나 거실에서 텔레비전을 보지 말라고 한 것을 지키려 하고 있는 것이다.

간소한 식사꾸러미를 들고 모자를 쓰면서 우리는 함께 나섰다.

"마치 소풍가는 것 같다."

나도 생각을 잘했다 싶어 그를 마주보며 미소 지었다.

아침 공기는 상쾌했고, 강변엔 뜨문뜨문 사람들이 오가고 있었다. 준비해간 음식을 먹으면서 강을 바라보고 있자니 괜히 서글펐다. 가끔 내 감정은 엉뚱한 곳으로 뻗쳐오르는 게 문제다. 스스로 다스리지 못할 정도의 속도감이다. 남편과 아침 나들이 나와서 웬 서글픔이란 말인가. 나는 천천히 감정을 구슬리면서 남편과 말을 하기 시작했다. 어느 결에 술술 밀린 얘기가 나왔다. 둘이서 매일 마주하면서도 나누지 못하고 풀지 못했던 얘기들이 쌓이곤 한다. 그냥저냥 품고 지내다가 스르르 녹아 버리는 것도 있고, 뭉쳐서 단단해진 것들도 있다. 풀리지 않은 뭉치들은 내 몸과 마음을 휘두르며 다치게 할 때가 있다.

오늘 아침 남편과 함께한 나들이에서 마음의 얘기들을 풀 수 있는 시간이 되었다. 생각다 못해 짜낸 꾀였지만 나쁘지 않았다. 앞으로도 종종 가져봄직한 아침나들이다.

내 삶을 채색 하련다

산들바람이 부는 상쾌한 가을밤이었다. 대학생쯤으로 보이는 아가씨 둘이 앞에서 걸어가고 있었다. 생머리가 어깨 위에서 차랑거렸고 잘록한 허리는 맵시를 돋보이게 했다. 밤거리를 활갯짓하며 걷고 있는 그들은 무엇이 그리 좋은지 웃음소리 또한 몸짓과 어우러져 낭랑하게 들렸다. 얼마를 뒤따르던 나도 덩달아 입가에 미소가 번졌다.

옆에서 함께하던 동행이 한마디를 했다.

"참 좋은 때다."

좀 전까지 미소가 번졌던 내 입에서 퉁명부리듯이 말이 튀어나왔다.

"그래도 다 힘든 게 있기 마련이야."

불현듯 얼마 전 일이 떠올라 그런 것일까.

함께 살고 있는 며늘애가 둘째를 가졌다. 일곱 달 된 손자 밑으로 생긴 아우라 이른 감이 있다고는 하나 집안의 경사가 아닐 수 없다. 그런데 문제는 손자에게 모유를 먹일 수 없게 된 것이다. 한창 제 어미젖에 맛을 들인 그 녀석. 어느 날 갑자기 젖이 아닌 우유병을 들이대며 먹으라고 하니 제 깐엔 무척 속이 상한 것 같다.

녀석이 낮에는 참을 수 있는 것 같은데 밤에는 견디기가 여간 힘든 게 아닌 가 보다. 며늘애와 손자는 며칠을 밤잠 못 자고 서로 낑낑거리고 있었다. 간간이 들려오는 한밤중의 울음소리가 집안의 정적을 깨뜨리곤 했다. 그런데도 잘 되지 않았는지 며늘애가 도와달라고 했다. 어미 품을 파고들면서 매달리니 아예 떼놓아야 되겠다는 것이다.

마침내 그 녀석을 우리 방으로 데리고 왔다. 깊은 밤까지 제대로 잠들지 않고 악을 쓰며 울었다. 잠에 취해 눈도 뜨지 못한 채 우리 부부는 교대로 손자를 안고 달랬다. 오직 어미 젖만 내놓으라고 입을 옴질거리는 녀석을 보니까 모질게 구는 것 같아 짠했다. 그러나 어쩌랴. 마치 알아듣는 듯 나는 사정

하듯 말했다.

"네가 받아들여야 한단다. 힘들어도 별 도리가 없어."

아기가 태어나자마자 우는 것은 세상에 태어난 게 서러워서라고 들었다. 따뜻한 어미 배 속에서 주는 대로 먹고 자면서 그게 다라고 여겼는데, 밖으로 나오는 순간 갑자기 달라진 세상이 아닌가. 살기 위해서 스스로 발버둥을 쳐야만 하니 얼마나 서러운 것이 많겠는가. 그처럼 아무리 삶의 연륜이 얼마 되지 않았더라도 나름의 힘든 게 있기 마련이다. 그러니 삶의 가장 빛나는 시점이 언제인가는 뭐라 단정할 수는 없지 싶다.

가끔 생각해 볼 때가 있다. 한 사람의 삶을 색깔로 말할 수 있을까 하고 말이다. 누군들 삶을 오롯이 한 가지 빛깔로 표현할 수는 없으리라. 어느 땐 봄날의 새싹 같은 연노란 색으로, 청정한 파란색일 때도 있을 터. 혹은 먹구름 같은 회색빛도 있을 것이다.

내 삶의 바탕은 어떤 빛깔로 되어 있을까. 이따금 지나간 삶의 궤적을 더듬어 본다. 곱고 찬란했던 시절이 언제였던가. 그렇지만 구태여 그 정점을 찾아선 무엇 하리. 내 손에 물감이 쥐어진다면 지나온 삶도, 다가올 삶의 색깔도 마음대로 칠하고 싶다. 이미 칠해진 색깔도 바꿀 수만 있다면 그렇게 하고 싶다.

부질없다 생각 말고 지금부터라도 내 삶을 채색하기로 하자. 세상에서 가장 아름답고 찬란한 빛깔만 모아서 말이다. 어떤 색깔을 택할까, 그건 언제나 오직 내가 선택하기에 달려 있지 않는가.

그녀와 나

포도 위에 어둠이 내려앉았다. 옷 속을 비집고 들어오는 바람이 아직은 서늘하지만 산책하기엔 쾌적한 날씨였다. 아파트 상가 앞을 막 지나치려는데 여러 사람이 웅성거리며 모여 있고 누군가 확성기를 들고서 소리를 지르고 있었다. 예삿일이 아닌 듯했다. 분명 생생한 구경거리가 생긴 것 같아 가던 길을 멈추고 기웃거렸다. 몇 명씩 무리지어 나누는 이야기에 귀를 기울여보니 대충 짐작이 갔다.

얼마 전부터 상가 앞에 노점상이 하나 둘씩 자리를 하더니 아예 천막이나 컨테이너까지 등장하여 또 하나의 시장이 만들어지고 있었다. 어쩌다 나도 그 앞을 오갈 때 별 생각 없이 군밤을 사거나 옥수수를 사곤 했다. 구두 수선집도 있어 몇 번 이용했다. 그러면서도 점점 노점상들이 차지하는 공간이 늘어나면서 동네가 지저분해지는 것 같아 은근히 신경이 쓰였다. 아니나 다를까. 방관만 할 수 없는 지경에 이른 것이다. 비싼 임대료를 내고 있는 상가 입주자들과 아파트 관리 책임자들이 나서게 됐다. '노점상은 물러가고 주민들은 물건들을 사지 말라'는 현수막을 여기저기 걸었다.

하지만 그렇게 하는 것으로도 성에 차지 않았는지 얼마 전부터 그 주변을 파헤치고 화단을 만드는 공사를 하기 시작했다. 그런데 공사를 하는 과정이 만만치 않은 모양이다. 노점상들이 순순히 물러가지 않았던 것 같다. 공사는 더 이상 진행이 되지 않고 주변이 흉물스럽게 변해가고 있었다. 무엇이 문제인지 세세히 모르지만 그리 단순하게 풀리지 않는 게 있는 듯싶었다. 그러던 차에 날을 잡아 사람들이 모인 것이다. 그 자리에 여러 정보들이 난무했다. 나는 퍼즐 맞추듯 생각을 하면서 쉬이 떠나지 못하고 있었다.

하는 수 없었던지 노점상들이 거의 물러난 듯했다. 그런데 오직 한 사람, 과일 행상아주머니가 눈에 띄었다. 그 소란의

와중에도 과일을 바구니에 담아 땅 위에 펼쳐놓은 채 버티고 앉아있었다. 그녀 바로 앞에는 긴 책상이 놓여있었다. 가까이 가보니 건장한 남자 서넛이 그녀 주위를 둘러싸듯 바짝 다가가 서 있었다. 직접 말은 하지 않아도 으르고 협박하는 분위기를 자아냈다. 그 남자들 중에는 민원서 작성을 위해 서명을 받기도 했다. 나도 따라 서명했다.

그러고 나서도 그녀에게서 시선을 거두지 않은 채 나는 자리를 뜨지 않고 서성거렸다. 그토록 많은 사람들의 삿대질과 원성을 한 몸으로 받으면서도 꿈쩍도 않고 있는 여자. 40대 중반이나 될까. 통통한 모습에 옅은 화장기가 엿보였다. 여느 아낙네와 다를 바 없건만 배짱이라 할까, 오기라 할까. 아무튼 누가 뭐라던 움직이지 않겠다는 결의를 온몸으로 내보이며 필사적으로 자리를 지키고 있었다. 나는 그렇게 앉아있는 그녀가 밉기도 하고 괘씸하기도 해서 곱지 않은 눈길을 흘깃흘깃 보내며 한 곁에 서 있었다.

얼마쯤 지나 돌아서 걷는데 내 발길 따라 그녀가 그림자처럼 따라오는 듯했다. 그녀는 무슨 생각을 하고 있는 걸까. 거기에 앉아있기까지 한 여인으로서 삶이 있지 않을까. 꿈 많은 소녀일 때도 있었을 테고, 아름다운 사랑을 나눌 때도 있지 않았을까. 누군가의 아내요, 어머니일 수도 있고 가까운 사람들과 얘기를 나누는 소소한 일상도 있을 게다. 필히 무슨 사연이 있지 싶다. 그녀가 내 마음을 두드렸다.

내가 그 나이였을 때가 떠올랐다. 남편의 실직과 병마가 가져온 거센 바람은 삶의 뿌리까지 흔들어 놓았다. 하루하루 넘기는 것이 얼마나 힘겨웠는지 모른다. 나는 어떻게든 일어나보려고 애쓰기보다 마냥 서럽게 우는 게 고작이었다. 되돌아보면 왜 그토록 여리기만 했던가, 세상을 향해 씩씩하게 팔을 걷어 부치고 나서지 않았을까 가끔 자책이 들곤 했다.

지금 그녀 자리에 내가 앉아 있다면 어땠을까. 예전에는 감히 상상조차 못했던 내 모습을 그녀에게 투영해본다. 그렇게 겹쳐진 내 모습과 지금 그녀를 바라보고 있는 또 다른 나, 참 생경하다.

걷고 있던 발길을 돌려 그녀의 어깨를 토닥이며 지난날의 내 이야기들을 들려주고 싶은 충동이 일었다. 그러다 공연스레 혼자서 감정의 널뛰기를 한 것 같아 누가 알세라 종종걸음을 옮겼다.

어느덧 아파트 현관 앞에 다다랐다. 이제 노점상인 그녀와 지난 세월 저편의 나, 그네들에게 헤어지는 인사를 나눌 시간이 된 듯하다.

이제는 부를 수 있으리

한 모임에서 함께 버스를 타고 가는 중이었다. 서너 시간이 걸리는 동안 각자 소개를 하자는 의견들이 모아졌다. 그러다가 자연스레 노래를 부르는 자리가 마련됐다.

한 남자가 노랫가락을 구수하게 뽑자 차안이 떠나갈듯 박수소리가 요란했다. 안면이 있는 사람인데도 노래하는 모습이 낯설게 느껴졌다. 그가 자리에 앉자 다음 차례로 지명된 사람, 한 여자가 몇 번 사양하더니 수줍은 듯 고개를 외로 꼬고 마이크를 잡았다. 어쩌나, 내 가슴이 지레 콩닥거렸다. 그런데 웬걸, 청아한 목소리로 부르는 가락이 술술 잘 넘어갔다. 노래교실이라도 다닌 걸까. 예사 솜씨가 아니었다. 그리고 그

다음으로 계속 이어졌다. 약간의 애교 섞인 실랑이는 있었으나 일단 마이크를 잡으면 누구 하나 빠지지 않는 실력을 펼쳤다. 평소 별로 눈에 드러나지 않던 사람도 새롭게 돋보였다.

물론 내가 지닌 잣대로 남을 재는 것일지는 몰라도 거기에는 나만의 고충이 있기 때문이다. 나는 노래 잘 부르는 사람을 언제나 부러워했다. 어느 자리에서라도 당당하고 멋들어지게 한 곡조 뽑을 수 있으면 얼마나 좋을까. 그럴 수만 있다면 그리 전전긍긍하지 않아도 되지 않겠는가. 차를 타면서부터 자리선택에 신경을 쓰고 행여 사회자 눈길에 잡히지 않으려 애쓰지 않아도 될 텐데 말이다.

어릴 때 내 별명이 울보였다. 어려서 많이 울면 노래를 잘한다는 옛말이 내 경우에는 맞지 않는가 보다. 태어나서부터 너무나 많이 울자 할머니는 상서롭지 못한 아이라고 낙인을 찍어 나를 미워했다. 나를 낳은 지 2년도 넘기지 않고 아버지가 돌아가셨기 때문에 내 울음을 아버지 죽음의 징조로 여기신 것이다. 그 미움의 불씨는 내가 클 때까지 꺼지지 않았고, 나를 주눅 들게 했다. 그런 탓인지 누구 앞에 나서는 것을 두려워했다. 더구나 노래까지 한다는 것은 생각만 해도 가슴이 방망이질을 쳤다.

다른 사람들 노래를 들으며 웃고 박수를 치면서도 내 머릿속은 점점 복잡해졌다. 흥을 깨는 짓은 하지 말아야 할 텐데, 정히 피할 수 없다면 받아들여야 되는 게 아닐까. 그럼 어떤 곡을 해야 하나. 우선 알고 있는 곡을 떠올려봤다. 어느 곡은 너무 늘어지는 것 같아 분위기에 맞지 않는 듯하고, 그렇다고 부르기 쉬운 곡을 하자니 동요나 건전가요 수준인 듯해 마음에 차지 않았다. 겨우 알고 있는 곡 몇 가지가 다 탐탁지 않았다.

드디어 내 차례가 되었다. 나를 부르는 소리에 정신이 번쩍 들었다. 마음을 단단히 먹고 일어나 앞에 나가 섰다. 그리고 말했다.

"이 노래를 하면 예전의 첫사랑이 생각납니다."

노래에 앞서 뭔가 연출하는 것처럼 했다. 잠시 묵직한 공기가 차안에 깔리며 사람들의 눈길이 나에게 쏠렸다. 두 손으로 마이크를 잡은 채 가라앉은 목소리로 말하는 내 모습에서 어떤 진지함이 엿보였던 게다. 나는 지그시 눈을 감고 감정을 잔뜩 담아 록커처럼 내지르듯 노래했다. 어디서 그런 용기가 우러나왔는지 참 모를 일이다.

헤일 수 없이 수많은 밤을 이 가슴 도려내는 아픔에 겨워…

탁음에 가까운 내 음성, 게다가 높낮이도 잘 맞추지 못하는 실력이니 아무리 잘하려고 해본들 제대로 노래가 되지 않을 것은 뻔한 노릇. 그러니 나름대로 하는 게 나을 듯싶어 생각다 못해 짜낸 이벤트였다. 한 소절이 끝나기도 전에 여기저기서 폭소가 터졌다. 내 노래가 뜻밖이었나 보다. 첫사랑 운운하며 분위기를 잡을 때에는 거기에 걸맞게 은근한 노래라도 부르려니 했던 모양이다. 얼떨결에 시작한 노래였지만 마디마디에 강약을 넣으며 천연덕스럽게 이어나갔다. 가사가 맞는지 생각할 겨를 없이 끝까지 열창했다.

노래를 마치고 자리에 앉았다. 방금 노래한 사람이 내가 아닌 듯 현실감이 없었다. 처음이었다. 내가 「동백 아가씨」를 여러 사람 앞에서 부른 게. 혼자 있을 때조차도 흥얼거리지 않던 노래였다. 그 노래. 한없이 청승맞고 시대감각이 뒤떨어진 가요로 단정하고 멀게만 느꼈던 것이다. 그런데 갑자기 왜 그 노래가 생각났을까. 설마 이름도 모습도 가물거리는 첫사랑이 떠오른 것은 아닐 터. 나이가 들면 해묵은 유행가 가사가 절절히 와 닿고 자신의 사연인 양 젖어든다더니. 그랬던 것인가. 언제인가 나도 가슴이 저릿해지곤 하던 그때부터 그 노래가 내 안에 자리 잡고 있었던 것은 아니었을까.

순서가 이어지고 있었지만 더 이상 다른 노래는 귀에 들어오지 않았다. '동백 아가씨'만 내 입속에서 맴돌고 있었다.

내친김에 제대로 들어보고 익혀서 불러봐야겠다. 어쩌면 내게 어울리는 애창곡을 만난 듯도 하다.

104세

남편이 휴대전화를 붙들고 한참을 들여다보다가 나를 불렀다. 실없는 얘깃거리를 만드는가 싶어 꾸물거리고 있었더니 재촉을 해댔다. 그리고 보니 며칠 전부터 그가 주변사람들을 붙들고 뭔가 물어대곤 하던 것이 떠올랐다. 그랬다. 마치 자기가 점쟁이인 양 누구든 수명을 맞출 수 있다고 했다.

그게 생각나자 더욱 내키지 않았다. 뻔히 하는 거짓말이거나 괜한 시간낭비인 것 같아서 말이다. 남편은 내 낌새를 알고 가까이 와서는 아예 전화기를 들이대면서 내장된 프로그램 순서에 따라 물어보기 시작했다. 가족력은 어떤가, 운동은 얼마나 하고 있는가, 삶에 대해 어떤 가치관을 가지고 있는가,

제법 심각한 질문도 있었다. 남편은 자신이 안다고 여기면 혼자서 묻고 답을 했고, 어떤 것은 내게 확인하면서 깐엔 진지했다.

싱겁게 여기며 건성으로 주고받던 말들이 어느 결에 골격이 갖춰졌다. 내 삶의 현주소가 어떠한지 펼쳐보는 듯했다. 할머니가 90세에 돌아가시고, 91세 어머니도 아직 또렷한 정신으로 생존해 계신 내 윗대의 가족력. 물론 아버지야 사고로 30대 중반에 돌아가셨으니 별도라 해도 두 분의 수명이 내게 미치는 영향이 크지 않을 수 없으리라. 그런 생각을 별로 하지 않고 지냈는데 말을 하다 보니 내가 어떻게 살고 있는지 확대경으로 들여다보는 것 같았다. 남편과 아들, 그리고 손자까지 그들을 이어주는 하나의 굵직한 사슬로 되어 있는 내 모습이 조명됐다.

전화기를 골똘히 들여다보던 남편. 드디어 답을 찾았다는 듯 말했다.

"당신은 104살까지 산대. 나는 84세까지 산다니까 20년 이상 더 살겠네."

남편의 말을 좋아해야 하는 건지 싫다고 해야 할지, 나는 어정쩡한 표정으로 헛웃음을 지었다. 남편이 나보다 4살 위니

으레 내가 더 살 것이라고 생각했고 남편과도 스스럼없이 얘기를 나누곤 했지만 104세까지 산다니. 물론 그걸 다 믿는 것은 아니다. 그저 재미삼아 한 번 해본 것일 수도 있고, 통계가 그리 나오나보다 하고 넘어갈 수도 있을 것이다. 그런데 참 알 수 없는 노릇이 104란 숫자가 무심결에 되새김질되는 게 아닌가.

언젠가부터 식탁 한 곁에 여러 약들이 넓게 자리 잡았다. 치료제뿐만 아니라 영양제와 여러 건강보조제들을 끼니처럼 꼭꼭 먹곤 했다. 그래도 뭔가 부족하지 않나 기웃거리기 일쑤였다. 게다가 병원갈 일은 왜 그리 자주 생기는지 모르겠다. 물론 건강검진을 한 뒤 백점이라고 꽝꽝 도장을 받을 수 있는 사람이 별로 없지 싶다. 나 또한 소소하게 흠집이 생겼지만 그럭저럭 지냈다. 그런데 우연히 알게 된 병명, 부정맥은 좀 신경이 쓰였다. 더군다나 아들이 어디서 들었는지 돌연사할 수도 있다며 적극적으로 치료할 것을 서둘렀다. 일주일 정도 야릇하고 께름한 검사를 한 뒤 애매한 진단이 내려졌다. 심하지 않으나 평생 약은 먹되 신경 쓰지 말고 살아가라는 것이다. 이래저래 약이 점점 늘어났다.

그러다 마침 처방받은 약도, 영양제까지도 떨어졌다. 어느 날

보니 약들이 사라진 그 자리가 깨끗이 비어있었다. 그러자 옳다! 내가 104세까지 산다지 않는가. 처음 얼마간은 망설임 속에서 편치 않았지만 시간이 지날수록 불안이 가셨다. 내 마음도 비워졌다.

차츰 일상이 달라져갔다. 약을 꼼꼼히 챙겨먹던 것에서 과감히 벗어났다. 하지만 자신을 돌보는 것을 허투루 하지는 않을 터, 다만 물 흐르듯 살아가리라 마음먹었다. 어찌 보면 별 것 아니라 할지라도 나의 인생관과 삶을 바라보는 시각이 달라진 것이다. 체육관에 등록을 하고, 미루기만 하던 외국어 공부를 위해 수강신청을 했다. 또 제철 과일과 채소 같은 먹을 것에 관심을 두면서 틈틈이 여행을 꿈꿨다. 평범하면서도 실천하지 않던 것들에 무게를 두기로 한 것이다. 사실 그 다짐들이 내 수명에 어떤 영향을 끼칠지는 모른다. 하지만 급하게 치료해야할 병은 어쩌지 못할 터라도 차근차근 이뤄나가려 한다.

그러다 만약 어느 날 갑자기 내가 눈뜨지 않고 숨 쉬는 것을 멈춘다면, 스스로 물어봤다. 글쎄. 세상에서 숙제라 할 수 있는 두 아들이 짝을 만나 가정을 이뤘고, 손자의 재롱 맛도 보았으니 얼마나 다행인가. 거기다 신께서 데려가신다면 감사하며 따르면 되리라. 박경리 선생처럼 죽음을 홀가분하게 받아들일 수는 없다 해도 언제고 내 삶이 마무리된다면 뿌듯하고 느긋하게 맞이할 수 있을 것 같다.

104세. 그 나이를 가당찮아 하거나 혹은 마음에 담아 연연하는 건 아니다. 다만 그 숫자가 내 머릿속에서 머물다 가면서 내 삶을 건드렸던 건 분명하다.

그녀는 어디로 갔을까

언제부터였을까. S는 남편에게 가까이 다가설 수도, 말 걸기도 어려웠다. 자신이 내동댕이쳐진 것 같았다. 막연한 그 느낌은 S의 가슴속에 차곡차곡 앙금으로 쌓여갔다. 그 덩어리가 온몸을 옥죄는 듯했다.

혼자서 괴로워하던 S, 남편에게 어렵게 입을 열었건만 그는 귀담아 듣지 않았다. 그럴수록 고통이 더해가던 그녀는 남편을 의심하기 시작했다. 의심은 점점 확신으로 굳어졌다. 그녀가 그렇게 믿는데는 친구 M이 눈앞에 어른거리기 때문이었다. S도 처음엔 자신의 연상을 믿으려 하지 않았다. 하지만 남편을 대할 때마다 그 생각은 지워지지 않고 선명해져갔다.

남편과 친구 M, 그들의 환상은 그녀를 밤낮으로 괴롭혔다. S는 허우적대며 그들 뒤를 쫓아다녔지만 번번이 신기루처럼 사라질 뿐, 그럴 때마다 어찌할 바를 몰랐다. 주변사람들에게 도와달라고 애원도 했다. S의 몰골은 점점 피폐해졌다.

대수롭잖게 여겼던 그녀의 남편도 마냥 남의 집 불구경하듯 할 수 없었다. 아내를 달랬다가 윽박질렀다, 그도 안 돼 정신과 치료를 권했다. 그들 부부의 삶은 날이 갈수록 나락으로 곤두박질쳤다.

M은 3여 년 전까지 이웃에 살던 친구였다. 온순하고 따뜻했으며 별로 말이 없이 언제나 듬직했다. 서로의 흉허물과 고민을 털어놓으며 각별하게 지내던 사이였다. 그 친구를 S의 남편도 오가는 길에 눈인사를 몇 번 한 적이 있었다.

M은 S를 한동안 잊고 살았다. 일상에 떠밀려 겨를 없이 지냈기 때문이다. 가끔 생각이 스칠 때면 어디선가 잘 있겠지 하는 것이 고작이었다. 사근사근하며 웃기 잘하던 S를 떠올리면 마음이 따뜻해지곤 했다. 그토록 엄청난 괴리가 벌어진 줄 꿈에도 몰랐다.

드디어 S가 M에게 전화를 했다. M은 오랜만에 듣는 친구 목소리가 마냥 반가웠다. 하지만 그 둘 사이는 이미 친구가 될 수 없음을, M은 얼마 지나지 않아서 알게 됐다. 처음엔 S가 들려주는 말들이 터무니없어 웃음이 나왔다. 하지만 친구가 의부증이란 병을 심하게 앓고 있는 것을 알자 가벼이 지나칠 수가 없었다. 화를 내기도 했지만 앙상한 모습이 애처로워 야멸스레 외면할 수도 없었다. 부둥켜안고 같이 눈물을 흘리기도 했다. M이 아무리 애써도 S는 멈추지 않았다. M의 주변을 계속 맴돌았고 전화를 걸어 욕설을 퍼붓기까지 했다. M도 차츰 마음과 몸이 허물어졌다.

S가 뜬눈으로 밤을 지새운 날이었다. 동살이 비친 창문을 보자 뭔가 붙잡듯 자리에서 벌떡 일어났다. 옷매무새는 안중에도 없이 허겁지겁 집을 나섰다. 한달음에 차 시동을 걸곤 내달렸다. 친구의 집이 저만치 보이는 곳에서 멈췄다. 차를 세워놓고 숨결을 고르며 겨우 심호흡을 했다. 그리고 M을 불러댔다.

"나 숨이 막힐 것 같아 잠깐만 나와 줘."

그녀의 해괴한 망상이 빚어낸 불행의 파고는 자신뿐만 아니라 가까운 사람에게도 잇따라 깊은 생채기를 내면서 쉽게 끝나지 않았다.

십 수 년 저 너머의 이야기다. 한때 내가 그의 친구였다는 것이 얼마나 후회됐는지 모른다. 그때가 떠오르면 몸 깊숙한 곳에서 통증이 여진처럼 훑고 지났다. 하지만 상처 위에 시간의 더께가 얹어진 것인지, 이즈음은 아픔이 많이 삭아졌다. 왜 그 친구는 그처럼 지독한 오해의 병에 걸렸던 것일까. 나는 아직도 풀지 못하고 있다. 어쩌면 끝내 알 수 없을지도 모른다.

지난날 어느 한 때 내 삶을 헤집어 놓은 S, 지금은 어디서 어떻게 지내고 있을까. 영영 만나선 안 될 악연이지 싶다가도 가끔 그녀와 엮어진 순간들이 한 컷씩 스친다. 그럴 땐 아직도 미련한 미련(未練)을 떨치지 못한다.

"내 병이 다 나았어. 그땐 정말로 미안했어."

그 말이 정말로 듣고 싶다.

마음 문이 열리다

글을 쓰면서 지금까지 수필에만 수년을 매달려왔다. 여러 장르 중 수필이 가장 내게 맞춤한 것 같은 생각이 들었다. 굳이 말하면 수필을 통해 나의 내밀한 느낌들을 누군가와 같이 나누고 싶었기 때문이다.

나의 첫 수필집이 나왔다. 쓰라리고 고단했던 삶, 부끄러워 드러내기 싫었던 이야기들, 그런가 하면 간간이 꿈과 희망도 담겨진 글이었다. 수없이 망설이다가 책을 낸 뒤, 잘못한 것을 들킨 듯 얼굴이 화끈거렸다. 좀 더 갈고 다듬었어야 되지 않았는가, 떠나간 차를 보듯 뒤늦은 후회도 들었다. 동인지나 문학지 등에 작품을 발표하곤 했지만 오롯이 내 이름을 내세운 책은 아무래도 느낌이 달랐다.

주변에서 건네주는 소감들 또한 새로웠다. 처음엔 그냥 인사이겠거니 했는데 그대로 흘려지지 않고 고이는 게 있었다. 아무 반응이 없는 사람들도 있지만 작품을 꼼꼼히 읽고 평해주는 사람들. 공감한다, 작품 속에 빠졌었다, 또는 여러 번 읽었다는 듣기 좋은 말들 중에 민망하게 하는 평도 더러 섞여 있었다. 어찌 다 좋은 말만 들을 수 있겠는가.

그런데 오직 작품 속 인물과 줄거리만 들먹이는 것은 씁쓸했다. 글의 주인공이 된 것을 기꺼워하지 않는 지인이 있는가 하면, 자신이 들먹여졌다고 아예 대놓고 싫은 내색을 할 때는 참으로 면구스러웠다. 비록 마음에 차지 않는 글이라 하더라도 속뜻을 들여다 봐주었으면 했다. 내 민얼굴을 보듯이 말이다. 그냥 삶의 궤적이니까 애정 어린 시선으로 봐줄 수는 없을까. 일일이 붙잡고 어찌 할 수도 없고, 그예 말을 삼키고 말았다.

그러다보니 건네주는 평이 달가운 것보다 고까운 것만 체에 걸린 앙금처럼 남았다. 내 글의 참뜻을 몰라주는 독자가 많은 것 같은 안타까움도 일었다. 가뜩이나 수필집을 발표한 뒤 자식을 보낸 것처럼 허탈했었는데, 여기저기서 들려오는 평에

글의 주인공이 된 것을 기꺼워하지 않는 지인이 있는가 하면, 자신이 들먹여졌다고 아예 대놓고 싫은 내색을 할 때는 참으로 면구스러웠다. 비록 마음에 차지 않는 글이라 하더라도 속뜻을 들여다 봐주었으면 했다. 내 민얼굴을 보듯이 말이다.

—〈마음 문이 열리다〉

기웃거리다보니 점점 어깨가 처지는 것 같았다. 어느새 파고 드는 자괴심에 손을 놓고 멍해질 때가 여러 번이었다. 도리 없이 시간의 흐름 속에 나를 맡길 수밖에 없었다.

얼마 전, 문학모임이 있었다. 내가 겪은 가슴앓이를 문우들과 함께 나눴다. 함께하면서 동병상련 같은 감정도 느꼈고 도움과 위로의 말도 주고받았다. 그러면서 서서히 깨우침이 일었다. 작가는 오직 작품 속에서만 존재하고 독자의 느낌은 자유롭다는 것을 진즉 알았더라면 덜 힘들었으련만. 더불어 독자에게 제대로 다가가지 못한 탓도 있지 싶었다. 소중한 시간을 내어 내 글을 읽어준 사람들. 어떤 독자건, 독자가 되어준 사람들은 작가에겐 고마운 존재다. 시나브로 자물쇠로 채워졌던 마음 문이 열리는 듯했다.

오랜만에 내 수필집을 다시 집어 들었다. 스스로 독자가 되어 꼼꼼하게 읽었다. 미처 보지 못했던 흠도 보이고 코끝이 찡한 감동적인 글도 눈에 띈다. 그만하면 자신에게 애썼다고 다독여주고 싶다. 이젠 열어젖힌 마음 문만큼 어떤 평도 담담히 받아들일 수 있을 것 같다.

위대한 허무

- 『삼국지』를 읽고

넓은 땅덩이에서 오랜 역사가 이어진 나라. 중국의 서안을 다녀왔다. 큰 나라를 조각조각 다녔던 때문인지 매번 색다른 이야기와 표정이 스며있는 것을 느낄 수 있었다.

서안은 까마득히 오래전부터 지금껏 삶과 죽음의 세계가 공존하고 있었다. 13세에 왕위에 오른 진시황은 50세 죽기 전까지 헤아릴 수 없는 병정과 말들을 지하에 세워 놓는 공사를 했다고 한다. 오롯이 자신을 지키기 위해서였다. 유난히 죽음에 관련된 많은 일화를 남긴 왕. 그는 죽는다는 것이 두려웠던 것일까, 아니면 사후 세계를 믿었던 것일까. 다만 죽음도 삶의 연장으로 여기며 영원한 삶을 원했다고, 2천여 년 전에 존재했던 진시황을 미루어 생각할 수밖에. 그 왕이 그토록 집착한 삶이란 어떤 것이며 과연 가치가 있는 것일까.

그렇다면 나는 삶을 어떻게 받아들이고 있는가. 유적지가 많은 서안을 돌아보면서 꼬리 문 질문들이 중국역사 속으로 들어가 보자 하는 생각으로 이어졌다. 여행에서 돌아오자마자 『삼국지』 10권을 앞에 놓았다. 수시로 회자되는 인물들과 사건들을 들어서인가, 혹시 언젠가 읽지 않았을까 가물가물했다.

책을 펴자 '젊어서는 삼국지를 읽고, 늙어서는 읽지 말라'는 평역자의 말에 눈길이 멈췄다. 그 글을 보자 은근히 당기듯 하면서 살짝 심경이 뒤틀렸다. 그럼 나는 읽어도 된다는 것인가, 아니면 말아야 된다는 것인가.

괜한 투정은 가뭇없이 사라지고 나는 어느새 한 권, 두 권 책장을 넘기고 있었다. 수없이 벌어지는 역사의 부침 속에서 싸워서 이겼다간 지고, 다시 일어나기를 거듭했다. 아무리 맹장이라도, 뛰어난 모사라 할지라도 속절없이 스러지곤 했다. 삶의 당연한 노정 같이 말이다. 완벽한 영웅도 패자도 없었다. 완벽을 추구하는 사람은 불행하다는 말을 들은 적이 있다. 삶에서 완벽이란 무엇일까. 나는 그 단어를 들으면 지레

움츠러든다. 항상 뭔가에 갈증을 느끼면서도 근원을 찾는데도 게으르고, 채우려 하지도 않는 굼뜬 자신이 마음에 걸리기 때문이다.

삼국지가 역사 속의 실존하는 인물들인지 또는 사건의 사실 여부인가는 제쳐 놓으려한다. 다만 수많은 인물 중, 제갈공명이 뇌리에 깊이 새겨졌다. 내게도 그런 인물이 곁에 있다면, 객쩍은 공상이 슬쩍 들었다. 공상이 내처 달렸다. 내가 삶의 질곡을 헤쳐 나갈 때, 유비처럼 '삼고초려'의 노력과 묻고 또 묻기를 반복하여 지침을 얻을 수 있었다면 힘겨움이 덜 했을지도 모를 터. 어쩌면 눈과 귀가 어두워 가깝게 있어도 제대로 알지 못했는지 지금부터라도 살펴봄 직하다.

책이 점점 얇아질수록 궁금증은 더해갔다. 결과가 어찌되는 걸까. 숱한 피를 흘리며 이뤄낸 뒤에 어떤 결말이 있을까. 마지막 장을 덮자 세찬 바람처럼 허무가 밀려왔다. 거기에 서안에서 보았던 드넓은 병마총의 정경이 겹쳐졌다. 얼마나 위대한 허무의 흔적들인가.

내 삶도 비춰본다. 지난 세월도, 앞으로 남은 세월도 허무 외에 그 무엇이 더할 수 있으려나.

자신과의 합일

- 알베르 까뮈의 『이방인』을 읽고

『이방인』을 처음 읽은 게 여고 시절이었다.

어머니가 돌아가셨다는 전보를 받는 것이 이 소설의 시작이다. 이어지는 일인칭의 화자. 뫼르소는 마치 마네킹이 움직이듯 별 생각 없이 일상을 살아간다. 어머니를 잃은 슬픔이나 외로움도 느끼지 않는 듯 행동하는 그가 도저히 이해되지 않았다. 더구나 작열하는 태양 아래 무심코 한걸음씩 발을 떼다가 충동적으로 저지르는 살인. 뚜렷한 이유나 동기도 없이 아랍인을 살해하는 장면에서 더욱 고개가 갸웃해졌다. 보통의 정서나 죄의식의 기준으로는 전혀 가당치 않은 행동이 아닌

가. 그리고 그는 태양 때문에 살인했다고 말한다. 이방인의 클라이맥스인 그 장면, 세계적인 명작으로 남게 된 대목이리라. 단순하면서도 강하게 내 기억 저장고에 넣어두었다.

그 후로 나는 '이방인'이란 단어가 왠지 나 자신과 잇대어지곤 했다. 사람들 틈에서 빙빙 겉돌기 일쑤고 남과 쉽게 가까이 못하는 자신을 느낄 때, 이방인은 화두처럼 떠오르곤 했다.

얼마 전에 다시 『이방인』을 읽었다. 뫼르소가 말하고 움직이는 대로 시선을 따라갔다. 예전에 이해할 수 없었던 그의 모든 일상을 더도 덜도 없이 담담하게 바라볼 수 있었다.

지난날 어느 순간의 내 모습이 얼비쳤다. 깊은 슬픔과 고통이 엄습했던 적이 있었다. 그 순간 치닫는 감정을 어쩌지 못하게 되자, 그만 맥을 놓아버린 사람처럼 쓰러지듯 잠이 들곤 했다. 그리고 한동안 머리가 텅 빈 인간처럼 먹먹한 채 본능적으로 움직였다. 마치 몸에서 영혼이 빠져나간 듯했다. 뫼르소의 일상에서 그때의 내 모습을 떠올리다니. 가당치 않는 연상이다 싶어 더 이상 나아가지 않았다.

그리고 뫼르소의 살인. 뜨거운 태양과 후텁지근한 바닷바람, 아랍인의 뻔쩍거리는 단도가 순간적으로 그에게 살의를 느끼게 한다. 이물질이 목에 걸리듯 제대로 읽혀지지 않던 대

목이 “아, 그렇구나.” 고개가 끄덕여졌다. 잠재되어 있는 어떤 의식이 나를 깨우쳐준 것일까. 아니면 그만큼 알베르 까뮈의 심리나 장면 묘사가 절묘한 것일까?

살인을 저지르고 뫼르소는 체포되어 심문과 재판이 이어지다 결국 사형선고를 받는다. 그 과정에서 그는 일체의 허위와 군더더기 감상을 배제한 채 자신을 담백하게 드러내고 또 받아들인다. 그에게는 죽음 또한 삶과 마찬가지인 것 같다. 철저히 사회나 사람들로부터 이방인으로, 자신과 분리된 채 산 뫼르소. 하지만 사형집행을 앞두고 그는 자신과 합일이 되는 듯하다.

> 나는 별이 반짝이는 하늘을 바라보며 처음으로 세계의 다정한 무관심에 마음이 끌렸던 것이다. 그처럼 세계가 나와 다름없는 형제처럼 느껴지자 나는 행복스러웠고 또 지금도 행복하다고 느끼는 것이다

현대인의 부조리를 극명하게 표현한 『이방인』. 이 책을 덮으면서 내 사고에 날개를 달고 멋대로 훨훨 날아봤다. 어떤 잣대에 맞춰 이방인이라 할 수 있을까. 세상의 규범, 논리 또 도덕과 사고의 틀에 맞춰진 사람들과 어울리지 않고 행동하지

않는 사람이 이방인인가. 이방인이 되기도, 되지 않기도 쉽지 않으리라. 어느 쪽으로든 선택해야만 삶을 자유롭게 살아갈 수 있을까. 그건 소설 속에만 존재하는 인물임을 깨닫는 것으로, 내가 한때 이방인을 화두로 삼았던 해답을 찾기로 했다.

홀가분함

- 『토지』를 읽고

지난가을 원주의 토지문학관을 다녀왔다. 세 번째 방문이었다. 박경리 선생 생전에 두 번 갔었고, 세 번째 갔을 때는 선생이 돌아가신 뒤였다.

박경리 선생을 직접 뵌 적은 없었지만 돌아가시기 전후의 감회가 다른 것 같았다. 선생의 체취와 손때 묻은 흔적들, 육성과 모습이 담긴 동영상을 보자 가슴 한 곁에서 잔잔한 떨림이 일었다. 곳곳에 남긴 선생의 글을 훑어봤다. 한 글귀가 나의 발걸음을 세웠다. 그대로 멈춰서 찬찬히 읽고 또 읽었다.

"모진 세월 가고 아아 편안하다. 늙어서 이리 편안한 것을.

버리고 갈 것만 남아서 참 홀가분하다."

버리고 갈 것만 남았다니…. 나이가 들수록 점점 버려야할 것들이 얼마나 많은지. 집착과 욕심, 연민. 그리고 삶의 군더더기들. 벗고 싶어도 벗지 못하고, 때로는 쓸데없이 끌어안고 힘들어하지 않았는가. 그런데 선생은 홀가분하다고 했다. 언제라도 훌훌 떠날 수 있게 마음을 채비하신 박경리 선생이었다. 어떻게 그럴 수가 있을까. 아니 어떻게 해야 그리 될 수 있을까.

나는 박경리 선생을 한 인간으로서, 또 한 작가로서 알기를 원했다. 그러면 혹여 내가 알고자 하는 물음에 대한 답을 얻을 수 있지 않을까 해서였다. 문학계의 거목, 모진 세월을 견디어낸 여장부라는 수식어, 그리고 결코 평탄치 않은 가족사에 대한 수많은 이야기들을 뒤로 미루고 직접 내 자신이 겪고 느끼고 싶었다.

한창 감성이 파닥이는 시절에는 저만치 밀어났던 유행가 가사가 어느 날 왠지 뭉클하게 다가오듯이, 같은 책을 읽더라도 나이에 따라 느낌이 다르지 싶다. 『토지』도 그랬다. 게다가 그 엄청난 분량의 페이지를 차분히 붙들고 있기엔 늘 마음의 여유가 없었다. 어쩌면 내 삶의 그릇이 가벼웠던 탓에 무게감을 견디지 못했을는지도 모른다. 다만 오래전 텔레비전 화면 속에서 작품을 접한 게 고작이었다. 그리고 그 책을 다 읽은 양 알은체를 했으니 교만도 이만저만이 아니었다.

그러면서도 언제부턴가 박경리의 『토지』를 완독하지 않은 게 왠지 마음에 걸렸었다. 어쩌면 글을 쓰는 사람으로 응당 필독을 해야 하는 책이 아닌가, 누가 뭐라 하지 않는데도 혼자 면구스러웠다. 그런저런 생각들이 합쳐져 이참에 『토지』를 읽기로 했다. 겨울을 지나 봄까지 21권의 책이 내 손에 있었다. 어쩌면 매달렸다고 표현하는 게 맞겠다.

나이 들어서 마주한 『토지』가 내 가슴을 새롭게 두드렸다. 딱히 누가 주인공이라 할 것 없이 수백 명 모두의 생이 깊이 와 닿았다. 가까이 느끼면서 코끝이 찡했고 안타깝기도, 울렁증이 일고 소름도 끼쳤다. 때론 속이 후련하기도 했었다.

또한 『토지』 속에서 박경리 선생은 내내 함께하고 있었다. 보이지 않는 주인공으로 말이다. 사람의 도리와 인생관, 투철한 민족주의적인 사상과 삶의 철학을 펼쳤다. 1969년부터 1994년까지 25년간 집필된 대하소설. 8월 15일 새벽 2시 박경리 선생이 오랜 집필의 굴레에서 벗어난 순간이었다.

> 그 순간 서희는 자신을 휘감은 사슬이 요란한 소리를 내며 떨어지는 것을 느낀다.… 외치고 외치며, 춤을 추고, 두 팔을 번쩍번쩍 쳐들며, 눈물을 흘리다가는 소리 내어 웃고… .

선생은 자신의 심경을 서희라는 인물을 통해서 그렇게 토로하지 않았나, 내 나름대로 짐작해본다.

몇 달 동안 손에 있었던 『토지』 21권의 마지막 장을 덮었다. 나는 옷깃을 여미는 심정으로 숙연해졌다. 책 속에 담긴 수많은 인물들, 그리고 박경리 선생. 그들의 삶이 내 머릿속에 모자이크되기엔 시간이 필요하리라. 그런 뒤, 나는 얼마나 홀가분할 수 있을까, 설레는 마음으로 기대하련다.